신라대학교
부산학센터
연구총서 ❶

철학이 있는 도시, 영혼이 있는 기업

국제시장에서 해운대까지

김태만 장현정 지음

국립중앙도서관 출판예정 도서목록(CIP)

철학이 있는 도시, 영혼이 있는 기업 : 국제시장에서 해운대까지
지은이 : 김태만, 장현정 – 부산 : 호밀밭, 2016
 p. ; cm

신라대학교 부산학센터의 기획 및 지원으로 발간되었음
ISBN 978-89-98937-38-6 03320 : ₩15000

지역 산업 [地域産業]
부산(광역시) [釜山]

322 . 1189-KDC6
338 . 9519-DDC23   CIP2016029021

철학이 있는 도시, 영혼이 있는 기업

– 국제시장에서 해운대까지

기획	김성용
지은이	김태만·장현정
초판	1쇄 발행 2016년 12월 20일
	2쇄 발행 2017년 1월 27일
펴낸곳	호밀밭
펴낸이	서호빈
디자인	소풍 김정란
등록	2008년 11월 12일(제338-2008-6호)
주소	부산 수영구 수영로 668 화목O/T 808호
전화	070-8692-9561
팩스	0505-510-4675
홈페이지	www.homilbooks.com
전자우편	homilbooks@naver.com
트위터	@homilboy
페이스북	@homilbooks
블로그	http://blog.naver.com/homilbooks

Published in Korea by Homilbat Publishing Co, Busan. Registration No. 338-2008-6. First press
export edition December, 2016.
Author Kim, Tae Man·Jang, Hyun Jung
ISBN 978-89-98937-38-6 03320

※ 이 책은 신라대학교 부산학센터의 기획 및 일부 지원으로 발간되었습니다.

철학이 있는 도시, 영혼이 있는 기업

국제시장에서 해운대까지

철학이 있는 도시, 영혼이 있는 기업

국제시장에서 해운대까지

여는 글

역사적으로 물건을 사고파는 사람이 크게 대접받았던 적은 드물다. 봉건사회에서는 사농공상(士農工商)이라 하여 상인을 천하게 여겼다. 지금은 상황이 크게 변했다. 모든 것의 중심에 경제가 있고, 기업인은 동서양을 막론하고 가장 선망하는 동경의 대상이 되었다. 세종대왕이나 이순신 장군보다 빌 게이츠나 스티브 잡스를 존경한다는 아이들이 더 많은 현실이다. 자본주의는 어쩌면 최초로 기업이 중심이 되고, 기업가들이 주인이 된 시대일 것이다. 어떤 이들은 이런 흐름이야말로 인류의 자유의지와 욕망이 보다 솔직하게 분출되는, 진정한 의미에서의 진보의 시대라고까지 말한다. 물론 부작용도 만만치 않다. 자본주의에서 기업은 표면적으로는 여전히 '악의 축'이다. 특히 압축적 근대화를 겪으며 수많은 부조리를 겪어온 한국사회에서 기업을 바라보는 눈은 더욱 곱지 않다. 하지만 한편, 어떤 시대였든 먹는 것, 입는 것,

잘 자리 없이 살 수 있는 시대는 없었다. 속되게 말해 돈 없이 살 수 있는 시대는 없었다는 얘기다. 정치와 외교는 물론, 사상과 예술까지도 그 밑바탕에는 물질의 논리가 강력하게 작동하고 있다. 그런데 우리는 과연 그 최전선에 있는 기업에 대해 얼마나 알고 있는 걸까. 무조건 비난하거나, 무조건 동경하기만 해온 것은 아닐까. 이 책은 이러한 호기심으로부터 출발했다.

●

서양의 문명을 이집트와 그리스로 대별할 때 이집트는 추상 수준이 높은 관념적 세계관이고 그리스는 기본적으로 지중해 무역, 즉 상업에 바탕을 둔 현세적 세계관이라고들 말한다. 그래서 이집트의 피라미드를 비롯한 모든 의미 있는 건물들은 내세를 상징하는 서쪽, 즉 해가 지는 곳을 향하고 있다. 하지만 그리스는 사랑하는 연인을 위해서라면 신과도 한 판 뜨겠다는 현세적 결기가 넘치는 문화였다. 이집트에서 유학했던 플라톤에 의해 이집트적 세계관이 유럽의 중심적 세계관으로 뿌리박았고 이후 중세 1천 년을 거치는 동안 상업적 세계관, 나아가 현세적 세계관은 그저 속물적 세계관으로만 취급받았을 뿐이었다. 이는 동양에서도 마찬가지여서 손에 흙이나 도구를 묻히지 않는 양반들을 중심으로 한 문화가 형성됐다.

　　이제 우리는 격변하는 21세기를 살고 있다. 10년이 아니라 10개월에 한 번씩 강산이 변하는 이 시대, 더구나 지역에서 미래를 논하기 위해서는 자본주의와 근대화 속에서 제대로 살펴보지 못했던 '진짜' 기업가들을 만나볼 필요가 있었다. 그들은 어떤 생각으로 어떤 일을 해왔고 지금 어디에 와 있는가. 이런 질문을 통해 종국에는 기업의 시대를 살고 있는 나는 누구이고 무엇을 하는 사람이며 어디에 있는지를 배우고 싶었다.

　　우리는 사실 누구나 상인이다. 자기가 알고 있는 것을 '유통'하며, 새로운 경험이나 지식을 통해 무언가를 '생산'하고 그것을 설득하기 위해 '영업'한다. 아이디어와 교육과 제도도 더 나은 것을 팔기 위해 연구하고 설득하며 살아간다. 사고판다는 표현에 거부감이 들 수도 있겠다. 하지만 좀 더 적나라하게 들여다보기로 하자. 무엇보다 기업가들이 가지고 있는 그 특유의 낙관과 긍정의 힘은 어디서 나오는가. 그들은 한쪽에서 보면 피눈물 없이 냉정한 사냥꾼이지만 한편에선 나름의 방식으로 세계를 해석해야 하는 철학자이기도 하다. 꼼꼼하게 현황을 들여다봐야하는 인류학자이면서도 가차 없이 전장으로 향해 손에 피를 묻혀야 하는 군인들이기도 하다. 무엇보다 그들은 탁월한 정치가다. 오늘날 모든 일은 '장(場)'에서 일어난다. 그것은 어쩌면 '시장'인지도 모른다.

●

　부산은 한국을 대표하는 수많은 기업의 고향이나 다름없는
곳이다. 해방과 근대화, 한국전쟁과 산업화를 거치며 한국 경제
사의 중요한 축을 담당하게 된 부산. 우리는 이 부산을 대표하는
기업과 창업주들의 이야기에서 고집스럽지만 소박한 경영철학을
엿볼 수 있었고, 새로운 시대와 조응하려는 2세와 3세 기업인들
에게서는 밖으로는 빠르게 변하는 트렌드와 맞서야 하고 안으로
는 여전히 뿌리 깊게 스며있는 어른들 세대의 기업문화와 맞서야
하는 고충을 느낄 수 있었다. 여기서 다룬 각 기업과 기업가에 대
한 정보는, 정보사회를 살아가는 오늘날 어디서든 쉽게 구할 수
있는 것이다. 그래서 우리는 흔한 객관적 정보 대신 오랜 시간 기
업을 경영하며 한 인생을 살아낸 그들이 한 개인으로서, 생의 춘
하추동을 살아가고 있는 한 사람으로서, 어떤 생각을 가지게 됐
는지에 대해 보다 소박하게 살펴보려 했다.
　사전조사를 통해 나름의 기준에 부합된다고 판단되는 기업
들을 선정하고 여러 차례 인터뷰를 시도했으며 취재 섭외에 응해
준 기업의 대표들을 중심으로 우리의 문제의식을 토로하고 편안
한 분위기에서 얘기를 들어볼 수 있었다. 바쁜 와중에도 시간을
내서 허심탄회하게 이야기를 들려준 8개 기업 대표들에게 이 자
리를 빌려 다시 한 번 감사의 마음을 전한다.

●

　　기형적으로 중앙집중화 된 한국사회에서 지역에 대한 오해와 편견은 사회발전을 가로막고 있는 큰 걸림돌이다. 게다가 중소기업에 대한 오해, 전통제조업에 대한 오해도 많다. 다들 세련된 서비스업에만 주목하며 강조하지만 그렇다고 전통제조업이 사라진 것은 아니다. 오히려 공장이 옮겨가고 우리 눈에 안 보이는 것일 뿐, 여전히 모든 산업의 근간은 제조업이랄 수 있다. 금융, 서비스업 등 무형자산으로 중심이 옮겨가는 것은 거시경제 측면에서도 건강하다고 보기 어렵다. 화려한 것만 쫓는 시대, 이 책을 통해 지역과 경제, 나아가 우리 삶의 기본을 돌아보는 계기가 될 수 있다면 더 바랄 것이 없겠다.

**2016년 겨울
부산 광안리 펌프하우스에서
지은이 일동**

**철학이
있는
도시
,
영혼이
있는
기업**

국제시장에서
해운대까지

제1부
국제시장에서
해운대까지

"제1창업도시", 부산은 과연?

도시는 생산과 소비를 매개하는 공간이다. 도시의 건강성은 생산과 소비의 건강성에 기인한다. 도시에 정주한 사무원, 노동자, 공무원 그리고 예술가들마저도 도시의 건강한 생산과 소비로부터 유리될 수 없는 존재들이다. 건강한 생산과 소비는 건강한 일자리에서 창출된다. 도시에 양질의 기업이 성장해 갈 때 청년들이 몰려들어 도시의 활력이 생기고 에너지가 넘쳐난다. 건강한 일자리가 고갈된 도시에는 건강한 도시문화가 성립되기 어렵다.

기업하기 좋은 도시는 일자리가 넘쳐나 청년들이 몰려들어 마음 놓고 일할 수 있는 곳이다. 창조적 청년들이 넘쳐나는 공간이야말로 기업하기 좋은 도시일 것이다. 실리콘밸리가 그렇고 중관춘(中關村)이 그렇다. 부산은 과연 일자리가 넘쳐나는 활력 있는 도시인가? 졸업과 동시에 구직원서를 들고 서울이나 경기지역을 기웃거리는 대학생들이, 더 이상 좌절하지 않고 지역에 착근할 수 있을 것인가? 오늘날 유행하는 5포니 7포[1]니 하는 말들이 부산이라 해서 예외일 것 같지는 않다. 고용 없는 성장이 장기화

---

1) 청년들이 졸업, 취업, 연애, 결혼, 출산, 내 집 마련, 꿈, 인간관계 등을 적극적으로 유보하거나 포기하는 시대적 풍조를 의미함.

되면서 대졸 청년들 사이에 미취업이나 비(非)취업의 풍조가 만연하고 있다. 최저임금으로는 사실상의 생계도 막막한 것이 사실이다. 그럼에도 불구하고 삶을 유지하기 위해서라면 학비, 교통비, 통신비, 주거비 등 사회적 비용을 줄이지 않고서는 생존 자체가 불가능한 세상이 되어 간다. 그러니, 기대수입이 훨씬 높은 다른 도시로 떠날 수밖에 없는 노릇이다. 청년들이 절망해 더 이상 솟아날 구멍이 없는 형국이다. 일정한 수입이 없으니 생기 넘치는 연애를 할 수 없고, 연애를 못하니 결혼은 더더욱 불가능하다. 어렵사리 결혼에 성공한 청년들이라 해도, 출산은 더 이상 필수가 아니라 매우 곤혹스런 선택이 되어 버렸다. 도시의 활력은 점점 쇠락해 가고 있다. 도시의 활력을 부활하기 위해서라면 재정 지원 사업 따위의 단발적 프로젝트가 아니라 연쇄적 프로그램을 다양하게 창출해 가지 않고서는 해결이 요원하다. 국가나 지방정부에만 기댈 일은 아니다.

부산의 현실은 어떠한가? 부산의 경제 상황이 심각하게 어둡다는 얘기는 몇 해 전부터 있어 왔다. 이를 반증하듯, 부산의 경제학자 백여 명을 대상으로 실시한 한 여론조사[2]에서 응답자 중 73%가 현재 부산의 경제 상황이 "심각하다"고 판단한 것으로 나

---

2) 『일간 리더스경제신문』이 지령 100호를 맞아 (사)부산사회조사연구원에 의뢰해 실시한 "부산 지역 경제 현황 진단 전문가 여론조사" 결과(2014.09.14.).

타났다. 이를 극복하기 위해서는 "유망 산업 및 대기업 유치로 일자리를 늘려야 한다"고 했다. 심각한 청년실업 해소를 위한 방안이긴 하지만, 이게 어디 어제오늘 떠들어 온 구호였던가? 상대적으로 월급이 높은 대기업이나 안정적 고용구조를 가진 공공부문의 일자리가 많아지길 희망하는 것은 당연한 이치다. 하지만, 예산지출을 최소화한다는 명분이 강한 "작은 정부"라는 정책에 매몰되어 당장 실현할 수 없는 형편이라면 이 역시 백골난망이다.

서병수 시장은 지난여름, 민선 6기 출범 1주년을 즈음해 "부산비전 2030"을 발표[3]했었다. 즉, 2030년까지 "사람"과 "기술"을 연결하고 새로운 "문화"를 창조함으로써 세계 30위권의 글로벌 도시로 성장하겠다는 선언이었다. 부산시는 이에 걸 맞는 고용률 70%, 청년인재 100만 명 양성, 1,000만 경제공동체 구축, 1인당 소득 5만 달러 달성 등 도시 인프라 구축을 위한 미래 비전 계획을 마련하겠다고 했다. 시장이 도시의 비전을 제시하는 것은 당연한 일이다. 하지만, 구체적 내용이나 실현방안이 매우 모호하다는 점에서 "선언"에 방점을 둔 이벤트 같은 느낌을 떨칠 수 없었다. 진정 부산이 "아시아 제1창업도시"가 되기 위해서는 더 많은 창조적 청년들이 모여들어야 하고, 그러기 위해서는 여야를

---

3) 뉴시스, 『부산시, 세계 30위권 도시 성장 "스마트 부산" 비전 발표』(2015.07.01.).

막론하고 산·학·관·연·언이 혼신의 노력을 다해 실현가능한 더 많은 정책을 내어 놓아야 할 것이다. 하지만, 더 큰 문제는 지역에 기반을 둔 기업들의 현실이다. 출근해서 퇴근하기까지 "돈"으로 시작해 "돈"으로 끝나는 전쟁 같은 기업현실을 두고 볼 때, 기업 역시 자기 코가 석자이기 때문이다. 그래서 기업들이 진정성을 가지고 노동자들과 협력해 미래를 향한 공생공존의 솔루션을 어떻게 만들어 내느냐가 관건이다. 건강한 일자리는 건강한 기업주와 건강한 노동자가 만나서 이루어내는 화학반응의 결과이기 때문이고, 건강한 일자리가 없고서는 "제1창업도시"는 요원한 꿈일 뿐이기 때문이다.

부산기업의
정체성

　　그러한 문제의식에서 우리는 부산의 기업들이 가진 역사성 속에서 부산 기업만이 지녀온 독특한 특질이나 핵심가치를 발굴해 보고자 시도해 보았다. 올해 들어 드디어 부산에도 백년 기업이 탄생했다. 이를 계기로 부산기업의 특질 속에서 대한민국 기업이 나아갈 방향이나 가치지향을 찾아보고자 한다. 지금까지 부산의 기업에 대한 관심과 연구가 더러 있어 왔다. 기업들의 탄생과 변화발전 과정을 역사적으로 서술한『부산 기업사』(김태현, 부산발전연구원, 2004)가 출간된 이래 기업주를 인물사적으로 서술한『부산을 빛낸 인물』(백승진, 월간 부산, 2008)이 있었다. 그밖에 다소 거시적 틀로 분석한 김대래의『부산의 기업과 경제』(세화, 2013), 백충기의『동남권 향토기업의 현황과 업력별 현황』(BS금융지주 경제연구소, 2013), 배현의『장수기업의 3대 조건, 지역기반+경쟁력, 변신』(부산발전연구원 BDI 포커스, 2013) 등이다. 그러나, 대부분의 연구가 기업사적인 측면에서 기업의 생성과 성장발전 과정 등에 대한 정량적 측면에서의 매우 드라이한 소개에 치중하고 있다. 결과적으로 우리가 추구하는 기업가 정신과 기업의 핵심가치를 발굴하는 작업과는 거리가 있다. 그런 가운데 가장 최근의 주목할 만한 성과는 한국경제신문 기자로 활동하고 있는 김태현 박사와 부산상공회의소에 재직 중인 김승희 부장이 공저한『부산기업의 창조성과 미래』(부산발전연구원, 2014)를 들 수 있다.

이 연구서는 부산의 기업 중 한국거래소에 등록된 상장사 72곳, 매출 1,000대 기업 중 38곳, 월드클래스 기업 300개 중 7곳 등을 선정한 후 중복되는 기업을 제외한 나머지 98개 기업의 기업주를 대상으로 "창조성 기업가 정신"에 대한 심층인터뷰를 진행한 후 이를 분석했다. 이들 기업을 일일이 방문해 인터뷰하는 것은 실로 방대한 작업이다. 이들이 채택한 창조성이라는 개념은 "상상, 영감, 융합, 발명, 혁신 등의 다섯 가지 의미를 함유"
하고 있고, 이를 통해 "노동과 기술, 마케팅 브랜드 등에서 창의
적인 아이디어를 갖추고 이를 엮어 도약하는 성질"로 규정하고
있다. 그러나 이 연구서에서는 부산 기업가들의 창조성을 다소
과도하게 또는 인위적으로 적용한 듯한 느낌이 들어, 혹시 창조
성 개념을 이른바 "창조경제"에 얽어 묶어 보려는 의도(?)를 지닌
것이 아닌가 하는 의구심도 들었다. 뿐만 아니라 부산기업이 "창
조성"만 지닌다고 미래가 보장되는 것도 아닐진대, 굳이 창조성
으로 묶으려 한 것이 오히려 부산기업의 특징을 획일화하는 결과
를 가져 오지는 않았는지 하는 우려도 있다. 우선 이 연구서가 차
용하고 있는 창조성의 개념은 저자들이 언급한 바와 마찬가지로
김성수의 『기업가 정신』(2014)에 기대고 있다. 그들은 기업의 성
공을 이끈 공통적 창조성의 요소로 다음의 열 두 가지를 꼽고 있
다. 즉, "도전과 개척정신, 신용제일주의, 신념의 정신, 근검절약
정신, 고객만족주의, 인간존중정신-인재중시주의, 창의와 혁신정
신, 책임주의 정신, 합리추구의 정신, 산업평화주의-노사공동체
정신, 정직과 정도주의, 사업보국정신 등"으로 열거된다. 이렇듯
장황하고 두리뭉실하게 보일 지도 모를 다양한 "경향성"들을 창
조성으로 엮으려 하는 시도였기에, 어쩌면 부산의 기업에 적용할
꼭 들어맞는 사례가 없다는 것이 오히려 당연한 결론일지 모르
겠다. 이들의 연구는 이처럼 다양한 스펙트럼을 지닌 부산 기업

의 창조성을 다시 "지역특화", "사업전략", "기술전략", "사람중시 경영" 등 네 가지 측면으로 범주화해서 고찰하고 있어, 나름의 합리성을 찾고자 노력한 것으로 여겨진다. 부산기업가들이 추구해왔던 경영방식 속에 녹아 있는 정신을 추출하기가 쉽지 않았을 것임에도 불구하고, 나름대로 발굴의 노력을 했다는 것에 공감한다.

「국제시장」에서
「해운대」까지

문제는 부산의 기업이 얼마나 지속가능한 발전을 해 갈 것인가, 그리하여 지역의 인재들을 끊임없이 수용하면서 지역 발전에 공헌할 것인가, 나아가 지역과 함께 하는 건강한 기업으로 거듭날 수 있을 것인가 하는데 있다. 이런 점에서 우리의 연구는 김태현 류와 다소 다른 관점에서 기업을 바라보면서 기업정신을 추출하고자 노력했다. 우리의 연구는 부산의 기업이 얼마나 지역의 공동 가치에 착근하면서 지역과 지역의 미래를 위해 혁신해 왔는가에 착안했다. 그러면서 부산의 역사와 함께 성장발전 해 온 비교적 오래된 기업들(이른바 장수기업)에게 먼저 시선을 돌렸다. 격동의 세월 속에 살아남은 기업이라면 그 속에 무엇인가의 핵심

적 에너지가 있을 수 있다고 판단했기 때문이다. 따지고 보면 부
산의 기업 탄생이 그리 후발인 것만은 아니다. 올해 드디어 부산
에도 백년 기업이 탄생했다. 1916년에 창업한 성창기업지주가
그렇다. 특히 부산은 "피난도시"⁴⁾적 특성상 피난시기 특수(特需)
현상에 힘입어 급성장한 기업들이 다수 있는 것이 사실이다. 이
는 영화『국제시장』의 몇몇 장면에서도 알 수 있듯이, 피난민들
의 의·식·주 해결을 위한 기업들(당시로서는 생필품을 파는 점방
수준이었지만)이 잇달아 탄생한 데서도 확인할 수 있다. 전쟁은
사람과 물자를 부산으로 집중시켰고, 이는 부산에 기업이 성장할
수 있는 거름이 되었다. 전국에 흩어져 있던 기업들이 피난처를
찾아 이주해 온 경우도 있었고, 난리의 북새통에서 피란민의 의·
식·주를 해결하기 위한 자질구레한 사업들이 우후죽순처럼 생겨
나기도 했었다. 전쟁 특수로 수많은 생필품이 요구되었고, 이를
충족하기 위한 이른바 학고방⁵⁾ 공장이 탄생하기 시작했다. 아이
러니하게도 이런 학고방 공장이 머지않아 부산은 물론 한국을 대
표하는 기업이 되기도 했다.

    부산의 장수기업들을 통해 부산 기업의 나아갈 길을 찾아보

---

4) 한국전쟁시기 전화를 피한 유일한 도시로 전국의 피란민들이 운집하면서 임시수도 기능도
   했었던 역사적 사실을 바탕으로 부산을 피난도시로 규정하려는 시도가 있음을 반영했다.
5) 상자(箱子)의 일본어 발음인 "학고"에 방(房)이 합쳐져 만들어진 조어로 상자로 만든 집,
   즉 아주 조악한 판잣집을 말한다. 6.25 때다보니 미군의 군수물자를 담아 왔던 박스는 집
   을 짓는 매우 훌륭한 부자재로 사용됐다.

자는 아이디어는 사실상 영화『국제시장』에서 착안된 것이다. 50년대, 60년대 그리고 70년대를 거쳐 오는 영화적 시간 흐름 속에서 우리는 자연스럽게 우리의 성장 시간과 부산 기업의 부침과정이 오버랩 되는 것을 확인했고, 영화 속에 비쳤다 사라진 기업들의 추형을 추적해보는 것도 의미 있는 일이라 판단했다. 제일 먼저 떠오른 기업이 바로 영화 속에 등장한 "대한상사"였다. 간판을 붙이고는 있지만 당시로선 자질구레한 못 등을 파는 흔해빠진 철물점 중의 하나에 불과했었다. 이 학고방 상점이 나중에 연매출 1조의 "대한제강"이 될 줄을 그 누가 알았었겠는가? 사실상 따지고 본다면 부산의 산업이 다는 아니겠지만 국제시장에서부터 시작되었다 해도 과언이 아닐 것이다. "대한제강" 오완수 회장은 "원래 터야 이미 불타고 없어지긴 했으나, 당시 국제시장 안 어느 모퉁이 '창선동 2가 24번지'를 지금도 찾아가라면 갈 수 있다"고 한다. 그곳이 바로 "대한제강"이 탄생한 자리다. 대부분의 기업은 탄생해서 성장하고 우여곡절의 부침을 거쳐 마침내 성공한 기업으로 오늘에 이르기도 하고 반대로 흔적도 없이 사라지기도 한다. 이런 기업의 생로병사 과정 속에 발현된 기업 경영의 핵심가치와 경영자의 철학을 추출하고자 한다. 어떤 기업은 살아있는데 어떤 기업은 이미 사라지고 없는 현재 단면을 보면서, 살아남는 기업에게는 무엇인가 다른 것이 있음을 확인할 수 있었다.

영화얘기로 시작했으니 영화와 관련해 좀 더 설명하자면, 우리의 작업은『국제시장』에서 시작해서『해운대』에서 끝이 난다고 해도 좋을 것이다. 물론 우리의 연구가 영화에 관한 것이 아니라 기업에 관한 것이라는 사실은 분명하다. 다만, 이야기를 끌어 오기 위해 영화를 차용했을 따름이다. 영화『국제시장』은 우리나라의 현대사 전개과정에 그대로 대입되어지는 전형적인 인생역정을 지닌 주인공을 등장시키고 있다. 그의 일대기를 시간대별로 보여주면서 산업화의 성공과정을 희망적으로 압축해 보여준다. 복고풍의 회상 씬과 코미디적 요소 그리고 산업화 과정의 눈물과 성공 등이 어우러져, 천만 이상 관객의 공감을 얻을 수 있었다. 영화 속 장면들은 주로 6·25 이후 피난민들이 몰렸던 영도다리 인근의 자갈치시장, 속칭 깡통시장이라 불렸던 국제시장, 산복도로에 다닥다닥 붙은 슬라브집 등에서 벌어지는 에피소드들이다. 그곳에는 부산 사람이라면 공감하고도 남을 부산의 향기와 부산의 색깔 그리고 부산의 소리가 있다. 이른바 부산의 원도심인 그곳에 가면 그때 당시의 분위기를 상상하며 그리움에 젖을 사람들이 상당히 많을 것으로 여겨진다. 그곳이 바로 부산의 "자궁"과도 같은 곳이기 때문일 것이다.

그러면 해운대는 어떤 공간인가? 부산이라는 도시가 지금처럼 팽창하기까지 여러번의 도시계획의 결과로 탄생한 곳이 바로 해운대 신도시이다. 도시주거환경개선이라는 거대한 목표를 내

세우고 해운대 지역의 수십 만 평을 택지로 조성해 만든 이른바 신천지가 바로 지금의 해운대신시가지이다. 당시로서 해운대는 신천지에 다름 아닌 곳이었다. 그도 그럴 것이 동양 최대라고 광고하는 신세계백화점 앞에서 수영강을 건너는 수영교 위에 뛰어오르는 돌고래들 조형을 보라! "여러분! 신천지에 들어오시는 것을 환영합니다!"라고 말하고 있는 듯하지 않은가? 그러나 당시의 개발은 오로지 토목·건설이 행정과 결탁해 빚어낸 거대한 공동주택 단지를 건설하자는 것일 뿐이었지, 문화와 예술 그리고 삶의 질을 고양시키는 인간적 공간은 기대할 수 없었다. 이에 반해 역시 부정적 평가를 받고 있긴 하지만, 광활한 수영비행장 터가 "센텀"이라는 이름으로 개발되어 오늘의 모습을 하게 되면서, 해운대는 오히려 과거의 명성을 회복한 듯한 느낌이 든다. 컨벤션센터, 미술관, 영화의 전당, 방송국, 멀티미디어 컴플렉스 등이 들어서면서 청년들이 몰려드는 공간으로 변모하고 있다. 지역단위로 볼 때 센텀지역 직장인들은 가장 낮은 평균연령에 반해 가장 높은 학력을 지녔음을 상상해 보라. 청년들이 모여 있다는 것을 점심때나 출퇴근 러시아워에 젊은이들이 활보하는 풍경을 통해 확인할 수 있다. 해운대는 8~90년대 베드타운으로서의 공동주택 밀집단지에서 드디어 창의적이고 가치지향적인 청년들이 몰려드는 새로운 첨단산업의 메카가 될 가능성이 매우 높은 지역으로 변모해 가고 있다.

영화『해운대』는 아파트와 호텔 그리고 다양한 위락시설이 집중된 한국을 대표하는 관광타운을 배경으로 하고 있다. 해양관광 휴양서비스 도시이자 최근 들어서는 IT영상미디어 최첨단 산업의 허브가 되어가고 있는 해운대가 쓰나미로 뒤덮이는 "상상"을 통해 자연재해의 경각심을 보여주고 있다. 그럼 여기서 해운대를 제작한 윤제균 감독에게 질문 하나를 던져보자. "왜, 해운대인가요?" 쓰나미를 보여주려면 해변을 택해야 하는 것이 당연한 이치이겠지만 전국의 그 많은 해양 공간 중에서도 하필이면 왜 해운대였을까? 감독은 분명 쓰나미로 인해 파괴되었을 때 아픔이나 피해가 가장 클 것으로 예상된 공간을 설정했을 것이고, 해운대가 바로 그런 공간임을 역설한 것은 아닐까? 다시 말해, 해운대야말로 부산을 넘어 대한민국을 대표하는 해양도시 공간임을 확인해 준다. 인구와 산업, 그리고 다양한 가치들이 집적되어 있는 공간인 해운대는 그런 측면에서 혹여 부산의 미래를 담지하고 있다고 말해도 되지 않을까?

우리는 부산의 기업가 정신을 탐구하는 과제를 수행하면서 다양한 논의 끝에 책 제목을 『철학이 있는 도시, 영혼이 있는 기업 - 국제시장에서 해운대까지』이라고 정했다. 그것은 일제강점기를 거쳐 본격적으로 인구가 집중된 것이 6·25로 인한 피난시기였고, 피난도시 부산에서 많은 기업들이 탄생하게 되었음을 강조하기 위함이다. 그 후 60~70년대의 경제성장기를 맞아 럭키(이후 LG가 됨)같은 기업들이 성장해 나갔다. 부산의 오래된 기업의 공장이 지금의 동천변이나 수영강변에 즐비했었던 그 때를 상상해 보라. 또는 지금은 사라지고 만 풍경들이지만 범일동 일대의 조선방직이나 거제리, 부전동 등의 그 수많은 공장들이 바로 부산의 엔진이었기에 수많은 젊은 노동자들이 몰려들었을 것이다. 그러한 부산 기업의 역사와 엔진이 있었기에 오늘의 부산 산업이 존재하는지 모른다. 그 후 조선 산업의 성장으로 활성화된 조선기자재나 기계설비 산업 등이 발달해 갔고 90년대 벤처산업 붐에 힘입어 다소 활성화되는가 싶더니 다시 IMF라는 한파에 스러지는 등 부산의 기업들 역시 세파에 따른 부침을 거듭했었다. 2천년대 들어서 물류산업을 비롯해 새로운 신성장동력 산업으로 IT 영상영화나 MICE 등에 의해 다시 활력을 되살려가고 있는 듯하다. 산업의 성장과 진화 그리고 퇴락의 과정은 부산시 전역에서 펼쳐졌고, 그것은 도시의 팽창과정과 거의 일치했다. 국제시장으로 상징되는 원도심에서 시작해 부전동, 거제리, 초읍 등으로 확산되었다가 공장부지용 토지의 고갈로 인해 다시 사상, 다대포, 녹산 등 서부 외곽으로 진출하더니 이제는 다시 해운대로 이전해 오고 있다. 산업의 이동은 곧 사람의 이동을 수반한다. 이렇듯 "국제시장"에서 "해운대"로 이동하는 과정의 궤적을 통해 부산 산업의 성장, 변화, 발전의 과정을 상징적으로 말해보고 싶은 것도 하나의 의도였다.

기업가의
시대정신

슘페터는 기업가를 끊임없이 "창조적 파괴"를 일삼는 혁신가라 정의한 바 있다. 그도 그럴 것이 기업가는 새로운 상품을 개발하고, 새로운 생산방식을 도입하고, 새로운 시장을 개척하고, 원료와 반제품의 새로운 공급원을 발굴하고, 기술혁신의 기회를 포착하고 실천하는 사람이다.[6] 따라서 기업가라면 항상 끊임없이 혁신해야 하는 부담을 안고 살아가는 존재들이다. 창조적 혁신, 통상적 혁신, 틈새시장 창조, 혁명적 혁신 등을 표현하는 사사분면 중 과연 "당신의 기업은 어디에 위치하는가?"가 매우 중요하다. 그러나 아무리 훌륭하고 잘 기획된 혁신이라도 기업가 혼자 할 수 있는 일은 아니다. 혁신에 동의하고 혁신을 추동해 나갈 인재를 얼마만큼 잘 준비해 두고 있느냐가 관건이다. 그래서 기업들이 인재발굴에 목을 매는 것일지도 모른다.

위에서 잠깐 언급한 바와 같이, 부산의 기업들 역시 우리나라 기업발전사에 조응해 태동기, 성장기, 성숙기, 전환기라는 역사 단계를 밟아 왔다. 태동기(50년대)는 한국전쟁 이후 원조경제 체제하에서 대기업집단들의 기초가 형성되던 시기였다. 삼성이

| 6) 『기업가정신』, p8 참조.

나 현대의 초기 경공업이나 중공업 단계를 예로 들 수 있다. 성장기(6~70년대)는 정부의 성장드라이브 정책에 기댄 초기 선각적인 기업주들의 도전정신이 결합해 이룩한 결과였다. 해외자본 도입과 수출시장 개척 등을 통해 고도 압축 성장의 초석을 구축하던 시기였다. 중화학공업과 과학기술 SOC 투자가 증대되고 정부의 적극적인 개입과 금융지원으로 현대와 LG, 대우 등이 급성장했던 시기다. 성숙기(80년대~IMF)에는 대기업과 중소기업간 격차조정 과정과 민주화에 의해 경제 전반에 걸친 조정과 활력의 둔화를 맞이하게 되었다. 삼성과 현대의 전자산업 적극추진, 경영혁신과 기술개발 치중과 동시에 부실기업 퇴출과 구조조정 등의 국면이 벌어지면서 전반적인 소강상태를 맞이했다. 전환기(IMF이후~현재)는 IMF라는 초유의 위기를 맞아 기업들이 내실경영에 나서는 한편 IMF탈출을 위한 벤처 붐이 일었다. 정부의 강력한 지원 아래 200만개 일자리 창출을 위한 벤처기업이 1만여 개에 달했지만, 설익은 기업가 정신과 각종 비리로 인해 몇 년 지나지 않아 1/3이 퇴출되기도 했다. 문제는 기업가가 얼마만큼 정확하게 시대정신을 읽어내고 투철한 기업가 정신을 지니고 있느냐가 관건이다. 즉, 창업, 설비투자, 신사업, 해외진출, 경영혁신 등의 기준으로 구성되는 기업가 정신을 얼마나 구현하고 있느

▌ 7)「기업가정신」, p12 참조.

냐를 보고 판단할 수 있을 것이다. 그러나, 우리나라의 기업가 정
신에는 대체적으로 해외진출이나 기술혁신에는 비교적 활발하지
만 창업, 설비투자, 신사업 등은 미진한 것으로 나타나고 있다.[7]
창업 인프라의 취약성이나 벤처붐의 냉각 등에 기인하는 스타트
업의 부진, 기업은 이익이 창출되나 재투자에 인색한 경영 철학,
주력업종에의 집중화로 인한 신사업 부진 등이 원인이라 한다.
반면 국제화의 지수는 매우 높아 해외투자나 해외 수출은 증대되
고 있다. 아울러 경영혁신과 기술개발에는 적극적인 양상을 보인
다고 한다. 이를 도식화하면 아래와 같다.

한국의 기업가정신 변천과 관련요인[8]

구분	기업가정신의 왕성기(~80년대)	기업가정신에서 관리자정신으로(~90년대)
사회/문화	성장문화 "잘 살아 보세"	한국병 (3D기피, 부동산 투기 붐, 노사분규)
정부/제도	기업의 적극적 보호, 지원 및 육성	경제의 세계화 인식, 시장원리 확대, 정부주도형 개발전략 유지
사업기회	수입대체산업, 중화학중심의 기간산업, 수출산업	중화학 과다투자 증후군, 사업재구축 지연, IT산업(반도체, 통신) 강화
자원	실업계고교 육성, 양질의 저렴한 노동력, 관치 금융	풍부한 대졸 인력, 인적자원 질적수준 향상 지체
기업가 정신	저돌형, 개척정신 (사업보국, 강한 성취동기/모험심)	확장, 관리형 (대마불사/관리중심 경영)

▌ 8) 『기업가정신』, p21 참조.

구분	기업가정신의 혼란기(98~IMF이후)	기업가정신 재정립기(2000년대 이후)
사회/문화	사회통합위기(구조조정, 종업원로열티, 중산층 붕괴)	다원화 사회/개성중시, 문화산업 및 디자인 중심
정부/제도	글로벌스텐다드 인식, 시장원리와 정부통제 불균형, 정부의 보호기능 종식	시장원리 중심/세계화, 정보화, 지식사회를 위한 제도
사업기회	IT산업, 벤처, 선택과 집중(핵심역량) 사업 전략	레저 정보화, 건강/실버산업 및 양질의 교육, 첨단기술 및 지식서비스
자원	구조조정으로 양질의 인력이 벤처로, 자금편중/신용저하	신기술, 지식자원화 및 인적자원 확보/양성 중시
기업가 정신	실속형, 효율지향형 (구조조정, 생계형 벤처)	미래변화에 대한 안목/팀웍 화합형 (비전과 목표/신뢰)

　　도식화가 지니는 한계에도 불구하고 부산의 기업들의 시대정신을 이 틀에 놓고 본다면 대체적인 진화의 조짐을 읽어 낼 수 없는 것도 아니다. 그러나 큰 틀에서 볼 때 부산의 기업이 대기업 보다는 중소기업이 대부분인데다가 정부 주도나 정부의 강력한 지원과는 동떨어져 성장해 왔다는 점에서 부산만의 특징을 도출할 수도 있을 것 같다. LG가 대기업으로 성장하는 과정에 부산을 빠져 나간 터라 논할 필요가 없지만, 나머지 대부분의 기업들은 자수성가형 중소기업이라고 여겨진다. 그럼에도 불구하고 우리가 만난 기업의 창업주나 2세가 지속적으로 성공할 수 있었던 요인은 기회포착과 목표지향적인 성향, 책임의식과 적극성, 강한 성취욕구와 자기관리, 독립심, 자기개발 등의 미덕을 지니고 있었기 때문이라 여겨진다. 또한, 이들 대부분은 김성수가 말한 기

업가 정신의 창조성 요소를 두루 담지하고 있었다. 기업을 일으
키거나 유지발전 시키려는 기업가가 비윤리적으로 탐욕과 낭비
에 시간가는 줄 모르거나, 불성실로 신용을 잃거나, 골든타임에
대한 판단력이 둔하거나, 인내심이 없거나, 사업에 대한 전문성
이 떨어지거나, 경영기법에 무지하거나, 두뇌회전이 안되거나,
신념이 박약하거나, 도전과 개척정신이 없다면 기업을 하지 말아
야 한다. 다행히도 우리가 만난 기업주들은 한 결 같이 건강하고,
늘 공부하며, 신중하면서도 과감하고, 사람을 존중할 줄 알고, 수
평적 네트워크가 넓으며, 남다른 사업철학을 지니고 있었다. 아
울러, 자기 분야에 대한 해박한 지식과 경영철학을 지녔고 강력
한 프로의식에 신속하고도 정확한 판단력을 구비했다. 늘 긍정적
마인드로 대인관계를 유지하면서 정직과 신용으로 타인과 직원
들의 신뢰를 받고 있었다. 가장 공통적인 특징을 꼽으라고 한다
면 "사람이 먼저"라는 이인위본(以人爲本)의 철학으로 무장해 사
람을 아낄 줄 알고 사랑할 줄 안다는 점이었다.

부산기업이
살아 온 길

도시는 일자리를 따라 진화한다. 청년들의 물결이 일렁이는

도시에는 에너지와 활력이 넘치고, 청년들이 떠나고 노인들만 남
은 도시에는 퇴락한 흔적과 한적함만 묻어난다. 지금 부산이라는
도시는 어떤 모습을 하고 있나? 과연 미래를 담보할 수 있는 활력
과 에너지가 넘쳐나고 있는가? 하지만, 부산의 현주소는 그다지
이상적이지 않다. 전국에서도 청년이탈률이 가장 높은 도시가 되
어 가고 있다. 청년들이 부산을 떠나는 이유는 부산에 일자리가
없어서가 아니라 더 이상 이 도시에서는 미래를 꿈꿀 수 없기 때
문이라고 한다. 청년들이 몰려오고 아이디어 번득이는 새로운 창
업이 일어나야 하지만, 그렇지 못하다. 누가 청년들을 데려갔고,
청년들의 꿈을 앗아간 것일까? 도시를 경영하는 행정가는 기업과
노동자와 예술가들을 끌어들이려는 정책적 노력을 실천하고 있
는가? "예스"라고 말하기에는 생각할 거리가 너무 많지 않은가!

　　우리는 그 답을 찾기 위해 제법 긴 여정을 지나왔다. 수없
이 많은 부산의 성공한 기업들 중에서 그 기업가 정신이나 창조
성 등을 몇 가지로 개괄한다는 것이 쉽지만은 않은 작업이다. 우
리는 김태현 등을 참고하면서 부산의 기업가 정신을 다음과 같은
네 가지 범주로 나누어 고찰하고자 했다. 총매출이나 총자산가
치, 종업원 수 등의 개량적 규모는 고려대상에서 원칙적으로 배
제되었고 대신 그 기업이 보여주는 경영철학 속에 녹아 있는 무
형적 가치나 철학에 주안점을 두었다. 물론 이러한 판단은 오로
지 필자들의 주관적 견해일 뿐 이를 증명할 객관적인 자료나 통

계는 없다. 보다 존경받고 미래를 내다 볼 수 있는 기업이라면 이 정도의 미덕을 지녀야 한다고 상식적으로 생각했기 때문이다. 그 결과, 전통과 역사를 오늘에 적용해 혁신에 성공한 "전통혁신형 기업", 새로운 가치에 대한 두려움 없는 도전과 창조정신 그리고 사회공헌에 대한 투철함 등을 실현한 "가치창조와 사회공헌형 기업", 지역현실이나 특징에 착안해 지역에 밀착하면서도 국제적인 관계망 속에서 뻗어 나간 "지역밀착형 국제화 기업", 2세 기업이 면서도 장수기업으로의 성장이 기대되는 "창조적 지속가능형 기업" 등으로 범주화할 수 있었다.

　　우리가 제일 먼저 만난 기업은 대한철강 오완수 회장이다. 『국제시장』 영화로부터 우리의 영감을 자극한 "대한상사" 창업 주의 장남이기 때문이다. 대한제강은 대표적 향토 기업으로 인구 에 회자되고 있다. 오완수 회장은 자수성가로 "못"을 비롯한 각 종 자질구레한 철물을 파는 "점방"이었던 "대한상사"를 창업해 키운 부친으로부터 가업을 물려받아 수성(守城)에 성공한 사례이 다. 일찍 작고한 부친을 대신해 10형제를 건사해야 한다는 중압 감도 있었을 법한데, 다툼이나 갈등 없이 10형제를 무탈하게 건 사해온 과정에는 장자(長子)로서의 의무와 책임에 대한 자기 확 신이 있었기 때문일 것이다. 그래서일까? 주변에서는 이 집안 전 체를 일컬어 형제간 돈독한 우애의 상징이라 칭하는 데 주저함이 없다. 부자3대 없다는 말이 있다. 하지만, 오 회장은 3대부자를 만들겠다는 신념에 차 있다. 3세에게 사업을 넘기긴 했지만 여전히 동생을 결합시켜 안전판을 확보해 주고 있다. 오 회장의 기업 경영 핵심은 임원이건 직원이건 상관없이 형제나 가족처럼 여긴다는 것이다. 오 회장만의 성격적 특징인지는 모르겠지만 주변의 교우관계가 좋아 다양한 사람들과 네트워크를 구축하고 있음을 확인할 수 있었다. 특히 군대 동기인 동원개발의 장복만 회장과의 인연도 특이했다. 경동건설 김재진 회장이나 넥센타이어 강병중 회장과도 친밀한 사이라 했다. 당연한 일이겠지만 비슷한 시기에 기업을 하면서 맺었던 인연을 쉽게 저버리기 어려웠을 것이다. 이들 대부분이 부산 기업의 1세대 또는 2세대들이라는 점이 새삼스럽지 않은 까닭이다. 이렇게 하면서 지역 기업의 1세대와 2세대를 잇는 가교 역할을 자임한다고 했다.

두 번째 인터뷰 대상은 오완수 회장의 추천이 있기도 했었지만, 자연스럽게 넥센타이어 강병중 회장으로 결정되었다. 강 회장은 한마디로 "맨땅에 헤딩"한 창업가다. 자기재산이라고는 한 푼도 없이 지인으로부터 차입한 자금으로 운수회사를 창업한 후, 절묘한 기회포착과 기상천외의 아이템을 결합해 사업을 성공시켜 왔다. 삼륜차에서 시작해 이른바 "택배"의 원조라 할 용달 사업을 시작한 것은 우리나라 경제산업사에 있어서도 하나의 이정표가 아닐 수 없다. "용달차"라는 명사를 창안해 냈으니 그럴 만한 자격은 충분하다고 본다. 이후 강 회장의 사업은 골든타임

을 놓치지 않는 M&A에서 연타를 성공시킨 것이 주효했다. KNN
을 사들인 것 역시 골든타임을 절대 놓치지 않는 예리한 판단력
에 기인한 성공이었다. 겉으로 보기엔 그 스타일이 매우 무모하
면서도 공격적인 것 같지만, 자세히 들여다보면 사전사후 철저한
조사에 바탕 한 신중하면서도 안정지향적인 투자의 성공사례라
볼 수 있다. 이 두 기업은 전통을 지키되 현실적 상황 변화에 기
민하게 대응하면서 혁신해 나간 것이 성공의 밑거름이었다 할 수
있다. 굳이 이름 짓자면 "전통혁신형 기업"의 범주에 들 수 있을
것이다.

　　금정구에 위치한 금사공단에 가면 위로는 도시고속도로가
지나고 아래에는 3층짜리 건물 두 개가 일정 거리를 두고 마주보
고 있는 공간을 만날 수 있다. 원래는 욱성화학 공장건물이었다.
이 사유재산을 예술가들이 작업하거나 전시 공연을 할 수 있는
예술 공간으로 조성해 거의 무상으로 제공한 사례가 있어 우리는
크게 주목했다. 음악, 사진, 갤러리 등이 들어서 현재 활발하게 예
술 창작 활동에 전념하고 있는 "예술지구-P"라는 곳이다. 마치
상하이의 "M50"[9]이나 베이징의 "798"[10]같은 분위기가 살짝 묻

---

9) 상하이의 모간산(莫干山)로 50호에 있는 예술촌. 1930년대 방직공장이 밀집했던 공장들
　이 이전해 나간 빈 공간에 크고 작은 갤러리와 예술인들이 들어 와 조성한 예술창작촌이다.
10) 798예술구(798藝術區)는 베이징 시 차오양 구 다산쯔 지역에 위치한 예술촌. 원래 구소
　련과 독일의 기술로 세운 무기 공장이 이전해 나간 빈 공간에 조성된 문화예술클러스터.
　2008년 베이징 올림픽을 계기로 정부로부터 문화창의산업지구로 지정받아 명실상부한
　"창의지구(創意地區), 문화명원(文化名園)"의 슬로건과 함께 베이징의 문화아이콘으로
　상징되고 있다.

어 나오긴 하지만, 규모면에서는 비할 바가 안된다. 그러면 어떠랴. 이 정도 있는 것만도 감지덕지인 상황에서. 그러나, 부산에도 이런 공간이 더러 생긴다 싶더니 하나 둘 예산문제나 경영상의 문제로 사라지고 있는 현실에 비추어 볼 때 매우 특별한 의미를 지니는 공간이 아닐 수 없다. 이를 총괄 기획하고 실현시킨 장본인이 바로 욱성화학 변준석 대표다. 그 자신이 뮤지션이자 사진작가이다 보니 예술에 대한 남다른 애착이 있을 수 있었겠다 싶지만, 무려 20여 억 원을 기업의 수익창출과는 전혀 무관한 일에 투입하는 것이 가능했을까? 라는 의문은 떨칠 수 없다. 그런 만큼 우리로서는 가장 궁금한 사람 중의 하나였다. 생존하고 있는 모친으로부터 기업을 물려받은 2세로, 40대 후반의 매우 젊은 기업가다. 본인의 입으로 언급하기도 했지만, 2세 경영인에게 가장 신경 쓰이는 존재가 다름 아닌 "생존해 있는 창업주"란다. 더군다나 변 대표처럼 젊은 나이이면 오죽하겠는가? 하지만, 나름의 철학은 매우 돈독해 보였다. 그는 "한번 들어 온 직원은 제 발로 나가기 전에는 내보내지 않는다"고 했다. 사람이 제일 중요하다는 것이다. 이를 "이인위본(以人爲本)" 정신이라고 하면 맞을까. 또한 직원과 경영주와의 사이에 존재할지도 모를 여백을 극소화하려는 피나는 노력도 돋보였다. 그래야 그가 꿈꾸는 "백년기업이 될 수 있다"는 의지와 여유가 배어 있는 자신감이었다. 우리가 알고 싶었던 것은 "기업경영이 아닌 문화예술에 사심 없이 재산을 투입할 수 있는 동력은 과연 무엇인가"에 대한 궁금증이었다. 그는 한마디로 "기업이익의 원천은 곧 사회"이므로 "내 손에 들어온 수익은 당연히 사회로 환원해야 한다"라고 잘라 말한다. 그 말을 듣는 순간 "예술지구-P"가 존재할 수 있었던 까닭이 언뜻 머릿속에 들어박혔다. 큰 울림이었다.

　　강림CSP의 임수복 회장은 기업가치고는 조금 독특한 이력을 지녔다고나 할까. 지금까지 만나본 기업가 중 제일 어렵고 힘든 청년시기를 보냈다. 어렵게 고학을 마치고 직장생활도 했지만 그만두고 창업을 해서 성공했다. 그러나 중도에 고엽제 후유증으로 인한 폐암으로 사경을 헤매다가 회생했다. 이러한 개인적 경험이 기업경영에 투영되어 "직원복지와 사회공헌은 의무"라는 생각이 굳어지게 되었다 한다. 본업인 철강을 하면서도 유기농 사업에 치중하면서 "생태적 삶과 건강"에 대한 지대한 관심을 가지고 있다. 지역을 위해 수많은 장학사업도 전개하고 있다. 고단했던 자신의 청년기에 대한 회억이자 자기보상이지 않을까! 이 두 기업의 경우, 새로운 가치에 대한 두려움 없는 도전과 창조정신 그리고 사회공헌에 대한 투철함 등을 들어 "가치창조와 사회공헌형 기업"의 범주로 묶을 수 있을 것 같다.

　　부산은 바다와 철도와 육로, 그리고 하늘길이 연결되어 있는 천혜의 교통요지이다. 물류와 운수가 필연적으로 발달하지 않을 수 없는 지역이다. 물류와 항공을 결합한 은산해운항공 양재생 회장을 만났다. 경영 원칙이 무엇이냐는 질문에 "화목한 가족적 분위기"를 강하게 언급했다. 기업 역시 가정과 같아야 한다는 것이 원칙이라는 말이다. 양 회장은 이러한 기업을 위해 "신념, 인화, 성실"이라는 신조를 굳게 지켜오고 있다고 한다. 그러나 양 회장은 "된다라는 초 긍정마인드"를 전파하는 사람으로도 유명하다. 직원들은 물론 만나는 사람마다 "된다"라는 긍정마인드를 심어준다고 한다.

바다를 매개로 한 지역특화 산업으로 한국을 대표하는 크루즈선사인 팬스타드림의 김현겸 회장도 만났다. 어릴 적부터 바다에 꿈을 가져왔다는 김 회장의 경영철학은 한마디로 "의(義)"란다. 이는 『논어(論語)』의 "견리사의(見利思義)"에서 따온 개념이다. 즉, "의로운 것이 아니면 취하지 말라"는 유가 전통의 선비정신을 경영에 결합한 경우이다. 우여곡절이 없는 기업은 없다. 그러나 어떻게 극복해 나오느냐가 관건이다. 김현겸 회장도 예외는 아니다. 그러나 그는 기업의 회장 스스로가 노조위원장이라는 생각으로 노조 직원들과 함께 어우러지는 기업경영을 하고 있다. 이들 기업은 지역현실이나 특징에 착안해 지역에 밀착하면서도 국제적인 관계망 속에서 뻗어 나갈 수 있는 사업 유형이라 여겨 "지역밀착형 국제화 기업" 범주로 묶어 보았다.

올해 부산에 탄생한 백년 기업, 곧 성장기업이다. 창업주인 선친의 가업을 승계한 정해린 회장은 "한 우물만 파라"는 선친의 가르침을 받들어 나무에만 열정을 쏟고 있는 기업이다. 합판제조로 이룬 기업이지만 한국의 대부분 다른 기업들처럼 조금만 연줄이 닿으면 계열을 확장하는 방식을 지양하고, 오로지 나무에만 열과 정성을 바친 역정이기에 박수를 쳐 줄만하다. 지금까지 백년기업으로 지속적 발전을 이룰 수 있었던 것은 그의 부친이 그러했던 것처럼, 그 역시 "신뢰"를 바탕으로 기업을 경영해 왔기 때문일 것이다. 그러나, 대단히 안타까운 점 하나는 금강원에 부산 유일의 대규모 식물원을 소유하고 있으면서도 그다지 의미 있게 활용하고 있지 못하다는 점이다. 정해린 회장도 그 점에 대해서는 안타까와 하지만 현재로서는 뾰족한 대안을 마련하고 있지는 않다고 한다.

　　정 회장이 2세 기업인이면서 연로한 것과는 달리 매우 젊고 활동적인 기업인이 있다. 동신유압 김병구 회장이다. 그는 직원과의 관계 맺기를 끊임없이 용의주도하게 시도하는 귀재라고나 할까. 그의 관계 맺기 방식은 이른바 "4관3려(4觀3勵)"라는 기본 철학의 운용에서 나온다. 이를 풀어서 설명하면 즉, 관심(關心), 관찰(觀察), 관점(觀點), 관계(關係)라는 것과 독려(督勵), 격려(激勵), 배려(配慮)라는 것이다. 한자의 독음은 같지만 한자의 꼴은 다르다. 그러나 김 대표는 한글 음으로 말하는 것이기 때문에 한자 차이는 개의치 않는다고 했다. 어쨌건 "4관3려"를 통해 경영자와 직원과의 수직 관계나 직원들 상호 간의 수평관계를 매우 직접적이면서도 역동적으로 만들어 갈 수 있다고 믿는다. 한편, 그가 내세우는 "꺼리경영, 문화경영, 2세 경영, 지역경영" 등 네 가지 경영원리 속에는 나름의 철학과 원칙이 녹아 있다. 그는 특히 부산에 장수기업이 희소한 것에 대해, "부산은 원래 장수기업이 많은 도시다. 피난시기 군수물자 조달을 위한 기업이 많이 탄생했다. 그중 생필품을 생산하던 럭키(지금의 LG)처럼 대기업들은 떠나고 없지만 중소기업은 많이 잔류하고 있다. 부산의 장수기업은 배타적 보수적 폐쇄성을 특징으로 성장해 왔기 때문에 자기만의 문화를 가지면서도 일정한 한계를 노정할 수밖에 없다"라고 지적하면서, 부산에도 장수기업이 많이 탄생할 수 있을 것이라는 기대를 크게 보여준다. 이러한 기업들은 2세 기업이면서도 장수기업으로의 성장이 크게 기대되는 기업들이다. 이들은 "창조적 지속가능형 기업"군으로 묶을 수 있을 것이다.

이상의 여덟 개 기업의 CEO들과의 인터뷰는 제2부에서 상세히 소개될 것이다.

철학이
있는
도시
,
영혼이
있는
기업

국제시장에서
해운대까지

제2부
오늘 여기,
부산의기업들

① 전통의 혁신

"요즘 사람들은 독특한 생각, 창조적인 발상 같은 것을 강조하면서 좀 더 튀는 사람에 주목하더군요. 하지만 저는 그저 기본이 튼튼하고 성실한 사람 쪽에 좀 더 점수를 주고 싶어요. 다들 힘든 일 싫어하지요? 또 빨리빨리 상황이 바뀌지 않으니 답답하지요? 하지만 삶이나 사회도 그렇게 후딱후딱 바뀌는 건 아닌 것 같아요. 만약 그렇게 빨리 바뀌는 삶이 있다면 그것도 좋은 거라고 보긴 힘들지요. 좀 느리고 답답해도 꾸준하고 성실하게 바꾸어가는 것이 옳다고 생각합니다. 저는 그래서 다른 것보다도 성실과 끈기를 높이 삽니다."

– 대한제강 오완수 회장

"다르게 생각하고, 남들이 안 된다고 해도 한 번 해보겠다는 자세를 잃지 말았으면 합니다. 할 수 있다는 자기 확신이나 열정이 없다면 운이나 상황이 받쳐줘도 일이 되지 않습니다. 위험이 없으면 얻는 것도 없습니다. 다른 사람과 다른 방식으로 바라보고 때로는 엉뚱한 역발상을 할 수도 있어야 하죠. 요즘 젊은이들이 좋아하는 애플의 스티브 잡스도 '다르게 생각하라(Think Different)'고 하지 않았습니까. 그런데 이런 얘기들이 새로운 것이 아니에요. 결국 예로부터 많은 사람들이 강조해 온 도전정신이죠. 그리고 그것은 누구보다 기업가에게 필요한 정신이고요."

– 넥센타이어 강병중 회장

맏형의 리더십

대한제강 오완수 회장

해방 이후 산업화와 민주화를 거치며 OECD에 가입하기까지 한국사회가 겪은 다사다난함은 어느 시대, 어느 나라와 비교해도 그 유례를 찾기 힘들 정도다. 이제 한국은 급변하는 시대 속에서 또 한 번 새로운 변화와 성숙을 요구받고 있다. 이런 시기에 우리에게 가장 필요한 것은 무엇일까. 아마도 '역사와 기본기' 아닐까. 시시각각 바뀌는 트렌드를 살피고 적응하는 것도 중요하겠지만, 혼란스러운 시기일수록 오히려 중심을 잃지 않고 단단하게 스스로를 다잡는 성실과 끈기의 정신을 되새겨볼 필요가 있다. 나름의 역사와 기본기라는 중심이 없다면 급변하는 상황에 일희일비하다 금방 넘어지고 말 가능성이 오히려 큰 시대이기 때문이다. 또 어쩌면 다른 무엇보다 이 두 가지가 부족하다보니 스스로를 냄비근성이라는 속된 말로 폄하하기도 하고, 실제로도 조급하게 시도하고 판단하다 일을 그르치는 경우를 종종 목격하게 되는 것 아닐까. 빨리 성과를 내려다보면 아무래도 기본기보다는 화려한 외양이나 상황논리에 맞는 꼼수를 찾으려는 경향으로 쏠리게 마련이다. 우리가 철강이라는 외길을 걸으며 60여 년 역사를 쌓아 온 장수기업 대한제강의 오완수 회장을 가장 먼저 찾고 이야기를 청하게 된 이유이다.

■ 혁신도 기본과 전통에
충실해야 나오는 것

오완수 회장을 만나러 가는 길, 우리는 문득 영화 〈국제시장〉을 떠올렸다. 2015년 1월 개봉해 1,400만 명 이상의 관객을 동원하며 한국영화 역사상 역대 2위의 흥행을 기록한 이 영화에는 '대한상사'라는 간판을 단 조그만 점포가 등장한다. 못과 망치, 철사 등속을 파는 평범한 철물점이다. 뜬금없이 영화 〈국제시장〉의 한 장면을 떠올리게 된 것은 그 조그만 가게가 60여 년이 지난 지금 연매출 1조원 대의 동종 업계 최대 기업으로 성장한 대한제강의 전신이기 때문이다. 대한상사는 1954년, 한국전쟁 직후 고(故) 오우영 대한제강 선대 회장이 창선동 국제시장에서 개업한 점포다. 오완수 회장은 창업주 오우영 회장의 장남이자 대한제강의 지난 50여년을 이끌어 온 지역의 원로경영인이다. 우리는 오완수 회장을 만나 맨 처음 영화 〈국제시장〉 얘기를 꺼내며 아직도 그 가게가 있던 자리를 기억하느냐고 물었다. 오완수 회장은 시간이 많이 흘렀지만 지금도 그 자리는 또렷이 기억한다고 답했다. 빙긋이 웃던 희미한 미소와 상반되게 목소리에는 힘이 들어가 있었다.

"원래 터야 이미 불타고 없어졌지만 당시 국제시장 안 어느 모퉁이 '창

선동 2가 24번지'는 지금도 찾아가려면 단박에 갈 수 있지요."

영화 〈국제시장〉이 보여준, 우리 사회의 지난 50여 년 우여
곡절은 그대로 오완수 회장이 살아온 인생의 무대이기도 하다.
그렇게 50여 년의 시간이 흐른 지금, 오완수 회장의 집무실은 광
안대교가 한눈에 들어오는 해운대구 센텀시티 센텀사이언스파
크 22층에 있다. 창선동 국제시장을 오가던 이십대 청년 오완수
가 긴 세월을 거쳐 이곳 해운대의 최첨단 산업단지에 도착한 셈
이다. 국제시장에서 해운대까지, 오완수 회장이 지나온 긴 여정
은 공간상으로는 한 시간도 채 걸리지 않을 거리지만 시간과 경

험이라는 측면에서는 우리가 차마 상상할 수 없을 수많은 이야기
들로 점철돼있을 것이다. 이곳에서 그는 아직도 매일 출근해 국
내에 있는 세 곳의 공장, 즉 신평, 녹산, 평택공장의 상황을 9개의
CCTV 화면을 통해 실시간으로 살펴본다. 과학기술의 발전을 비
롯한 세상의 변화를 시시각각 실감한다고 하면서도 그는, 기업경
영을 위해 가장 중요한 가치가 무엇이라고 생각하느냐는 질문에
별로 망설이지 않고 여전히 '기본'이라고 답했다.

 "요즘 사람들은 독특한 생각, 창조적인 발상 같은 것을 강조하면서 좀
더 튀는 사람에 주목하더군요. 하지만 저는 그저 기본이 튼튼하고 성실
한 사람 쪽에 좀 더 점수를 주고 싶어요. 다들 힘든 일 싫어하지요? 또 빨
리빨리 상황이 바뀌지 않으니 답답하지요? 하지만 삶이나 사회도 그렇게
후딱후딱 바뀌는 건 아닌 것 같아요. 만약 그렇게 빨리 바뀌는 삶이 있다
면 그것도 좋은 거라고 보긴 힘들지요. 좀 느리고 답답해도 꾸준하고 성
실하게 바꾸어가는 것이 옳다고 생각합니다. 저는 그래서 다른 것보다도
성실과 끈기를 높이 삽니다."

 실제 오완수 회장은 얘기를 나누는 동안에도 기본, 성실,
가족 등과 같은 전통적인 가치와 관련된 단어를 많이 언급했다.
1939년생인 오완수 회장은 올해 77세로 부산의 대표적인 원로경
제인이다. 당연히 기성세대이자 어른으로서 젊은 사람들보다는

전통적인 가치를 중시할 법하다. 하지만 오회장이 강조하는 기본과 전통의 중요성은 그 정도가 남다른 느낌이었다. 그는 아직도 자신의 인생에서 가장 내놓을 만한 일을 꼽으라면 기업의 매출규모나 업계 1위 등의 수치가 아니라 10형제의 장남으로서 아버지 대신 형제들을 다 건사하고 자신의 자식들도 큰 탈 없이 잘 키운 것을 꼽는다. '수신제가치국평천하(修身齊家治國平天下)'라는 말처럼 우선 스스로의 몸가짐을 조심하고 가정을 잘 다스린 후에야 기업에서나 사회에서 존경받을 자격이 생긴다는 것이었다. 그것은 한두 번의 화려한 요행으로 성공해서 사람들에게 집중적으로 관심 받다가 어느 순간 눈 밖으로 사라지는 우리 시대의 흔한 양상과는 다른, 단단하고도 소박한 품위를 느끼게 하는 말이었다. 묘수나 꼼수를 찾기보다 기본에 충실하고 한 걸음씩 차근차근 나아가는 것의 중요성은 시대가 변한다고 달라지는 게 아니라는 것이다. 그는 오늘날 유행하는 혁신이라는 것도 결국은 그런 단단한 기본에서 출발하는 것임을 거듭 강조했다.

"내가 서른다섯 살 때 아버지가 돌아가셨는데, 그 뒤로 10형제 중에 7형제를 내 손으로 결혼시켰어요. 내 자식이 또 다섯인데 그 아이들도 모두 마찬가지로 탈 없이 잘 키워서 결혼시켰죠. 내가 살아오면서 스스로에게 가장 뿌듯하게 생각하는 일이 그것입니다."

　　오완수 회장은 경남중학교와 경기고등학교를 거쳐 고려대
학교를 졸업하고 1964년 9월에 이십대 중반의 나이로 대한제강
의 전신인 대한상사에 입사했다. 이후 50년 사이 대한제강을 연
매출 1조원, 100만 톤 이상의 철강을 생산하는 국내 가공생산능
력 1위의 회사로 키웠다. 2015년에는 부산상공회의소 126주년
창립기념행사에서 특별공로상을 수상했고 같은 해 서울 포스코
센터에서 열린 제16회 철의 날 기념행사에서는 은탑산업훈장을
수훈했는데 그간의 저력을 인정받은 셈이라고 볼 수 있다.

　　대한제강(大韓製鋼)의 모태는, 앞서 소개한 것처럼 1954년
오완수 회장의 부친이자 창업주인 오우영 회장이 부산 중구 창신
동 2가 24번지에 설립한 대한상사이다. 창업주 오우영 회장의 고
향은 경북 의성인데 해방되던 해 부산으로 이주해 철물점을 시작
했다. 처음부터 점포가 있었던 건 아니었다. 자본이 없으니 물건
을 지게에 메고 다니면서 팔았다. 그러다가 돈을 모아서 리어카
를 샀고 거기에 물건을
싣고 다니며 팔았다. 전
쟁 때도 부산에서는 피난
갈 일이 없었으니 장사
를 계속할 수 있었다. 그
렇게 장사를 해서 전쟁
이 끝나고 얼마 지나지

▲ 대한상사

않아 마침내 창선동 국제시장 자리에 작은 점포를 장만하게 되었
는데 이것이 앞서 말했던 대한상사라는 점포이자 대한제강의 출
발이다. 전쟁 직후였으니 주로 취급하던 품목인 못과 철사 등속
의 수요가 급증했고 때마침 이런 철물을 생산하던 범일동에 있는
공장을 인수하게 되면서 사업을 성장시킬 발판을 마련했다. 당시
대한상사는 전국을 상대로 제품을 공급했는데 서울을 비롯한 다
른 지역은 전쟁의 포화 속에서 도저히 물건을 생산할 수 없는 상
황이었다. 공장은 밀려드는 물량을 다 대지 못할 만큼 바쁘게 돌
아갔다고 한다. 범일동은 시내라 확장이 어려워 안락동의 논밭이
있던 자리에 공장을 하나 더 세웠다. 그렇게 사업을 확장하기 시
작했다. 그는 여러 가지 사정이 맞물리며 사세를 확장할 수 있었
다고 생각한다며 사업은 온전히 자기 혼자만의 힘으로 성공시킬
수 있는 게 아님을 강조했다. 운이 상당 부분 따라줘야 한다는 것
이다. 하지만 그 운은 언제 올지 모르니 그저 인간이 할 수 있는

▲ 동래공장

일은 언젠가 자신에게 그 운이 올 때를 대비하며 꾸준하고 성실하게 자기 할 일에 매진하는 것이라야 했다. 실제로 그는 기업의 논리와 경영에 대해 특별한 묘수를 알려줄 것은 없다고 했다.

■ 천석꾼, 만석꾼, 백석꾼이 다 따로 있는 것 같다는 1.5세대 경영인

오완수 회장이 선친의 업을 물려받아 본격적으로 회사의 경영을 책임진 것은 1975년의 일이다. 그는 당시, 불과 삼십대 중반의 젊은 나이였다. 하지만 창업주였던 아버지가 건강이 급속도로 악화되더니 54세의 이른 나이에 작고하시고 말았다. 장남인 오완수 회장에게는 책임져야 할 형제 10명이 있었다. 어떻게든 가족과 회사를 책임져야만 했다. 막상 회사를 맡고 보니 자금압박이 심했다고 한다. 선친은 돈을 놀리는 스타일이 아니어서 여분의 현금이 넉넉하지 않았는데 상속세를 내려니 모두 현금으로 내야 했고 가지고 있는 재산은 은행에 담보로 잡혀있는 상태였다. 상속포기까지 고려해야 하는 난처한 상황이었는데 당시 세무서 출신으로 금융 관계에 해박한 편이었던 부친의 친구와 이 문제를 논의했더니 버럭 타박을 하셨단다. "느그 아버지가 우째 만든 회사인데 이래 허무하게 처리할라 그라노?"라며 세금 관련 자문도

해주고 도움을 주어 결국 상속세는 3년 간 분납하기로 하고 못과 철사 같은 주력제품을 만들고 파는 데 전력을 다해 고비를 넘길 수 있었다는 것이다. 이후 오 회장은 밤낮으로 공장 일에 매달렸다. 현장에서 일했고, 모든 것을 현장 중심으로 판단하며 회사를 키웠는데 그래서 얻은 별명도 '오반장'이었다.

지역 경제계에서는 오완수 회장을 1.5세대 경영인이라고 부른다. 창업주인 오우영 회장은 자수성가한 사람의 전형이고 대한제강은 오완수 회장이 이어받아 키운 회사이기 때문이다. 그는 늘 창업주였던 아버지한테 "우리도 공장에 재료를 천근만 가지고 있으면 얼마나 좋겠습니까?" 했다는데, 지금은 하루에도 5천 톤 넘게 생산하고 있다니 격세지감이다.

하지만 부산에서 철강회사를 경영하는 것은 쉽지 않은 일이었다. 정보와 인맥이 중요한데 아무래도 지역에 있으면 그런 점

▲ 동래공장

에서 불리했기 때문이다. 오 회장 역시 부산에서 사업을 확장해
나가기가 쉽지 않았다. 대한제강은 1980년에 연간 12만 톤 규모
의 전기로와 연속 주조기를 갖춘 신평 제강공장을 준공한 뒤로
사세를 본격적으로 키우기 시작했고 1990년에는 본사도 신평으
로 옮기고 회사명도 주식회사 대한제강으로 바꾸면서 현재에 이
르렀다. 그 사이 여러 번의 고비도 있었는데 특히 IMF 외환위기
당시 동종업체들이 줄줄이 도산하는 걸 지켜볼 때는 긴장의 끈을
바짝 조일 수밖에 없었다. 당시의 위기를 어떻게 극복했느냐는
질문에 오완수 회장은 그저, '기업하는 사람은 늘 위기'라고 짧게
답했다. 기업인에게는 누구에게나 죽고 싶을 만큼 힘들었던 상황
이 한두 번 이상은 있게 마련이지만 그런 위기나 악조건은 따지
고 보면 '항상'이라고 해도 좋을 정도기 때문에 굳이 강조할 필요
나 가치가 없는 일이라는 것이었다. 그래도 평소와는 다른 위기

▲ 신평공장

상황이니 뭔가 다른 조치가 있었을 것 같다며 재차 묻자 오완수 회장은, 몇 가지 평소와 다른 조치가 있긴 했지만 그런 일들은 회사를 운영하다보면 다반사이기 때문에 특별한 건 아니라고 했다. 예를 들어 IMF 당시였지만 회사가 아무리 어려워도 인원 감축은 하지 않겠다고 생각했기 때문에 그렇게 진행했고 대신 놀랄 만큼 오른 환율에 대비하기 위해 통상 한화로 갚던 달러 채무를 모두 달러로 갚기로 방침을 바꿨다. 달러가 하도 오르니 한화로 갚자니 빚을 갚아도, 갚아도 계속 그대로였던 것이다. 외환위기로 불

▲ 녹산공장(압연동)

거진 문제이니 외화로 끄자는 생각이었는데, 이후 대만에 수출하고 달러로 결제 받아 그 달러로 다시 대금을 지급하는 등의 방식으로 위기를 넘겼다. 끝까지 한화를 고집했더라면 버티지 못했을 거라고 회상하며 기업경영은 늘 어렵고 예상치 못한 변수를 만나는 일도 부지기수지만 그 어려움을 극복하고 느껴지는 희열이란 게 또 대단하다고 했다. 대한제강은 이후 2007년, 1천여억 원을 투자해 녹산공장을 국내 최고의 제강공장으로 만들었고 2009년에는 1억불 수출의 탑도 받았으며 업계 최초로 4조 2교대제를 도

▲ 베트남 법인

입해 노사 상생의 문화를 선보이기도 했다. 덕분에 노사상생협력 대통령상을 수상하기도 했다.

　이런 성공에도 불구하고 오완수 회장은, 경영에 대한 피로도가 갈수록 높아지고 회사 규모가 커지면서 역량도 부치는 것 같다는 생각을 오랫동안 해왔다고 했다. 개인적으로 너무 이른 나이에 사업을 시작해 늘 피로도가 높았고, 그래서 젊은 시절부터 예순 정도 나이가 되면 그만두리라 마음먹고 있었는데 그 구상을 실천에 옮겨야겠다고 결심한 것이었다. 대한제강은 2014년부터 아들 오치훈 대표이사 체제로 경영되고 있다. 기업평가회사에서 근무하던 아들에게 연봉을 더 주겠다고 꼬드겨 부장으로 스카우트한 다음 10년 동안 상무와 전무를 거치게 한 뒤 지난 2014년 대표이사직을 인계했다.

"나는 빨리 경영 일선에서 물러나고 싶었어요. 나보다 유능한 사람을 하루라도 빨리 구해서 책임지게 만들고 나는 뒤에서 보조만 하겠다는 생각이었는데 마땅한 사람이 없었죠. 그러다가 아들에게 맡길 때가 됐다는 생각이 들었어요. 아들은 당시 꽤 괜찮은 회사에 다니고 있었는데 1년의 반은 외국에 나가있고 한국에 있을 때도 새벽까지 회사에 있는 게 예사였죠. 한 3년쯤 그렇게 일하는 걸 지켜보니 저 정도면 회사를 맡겨도 되겠다 싶어서 90년대 초반에 제안을 했죠. 당시 아들이 받던 연봉이 내 연봉보다 좀 많았어요. 그래서 내 연봉의 두 배를 주겠다고 제안하며 스카우트했죠. 이후로 10년 정도 전무와 상무를 거치며 경영수업을 하고 2014년에 대표이사직을 인계했습니다."

그 사이에도 일찍 그만두고 싶은 마음에 막내 동생인 오형근 부회장을 경영에 참여시키기도 했다. 장남인 오 회장과 막내 오형근 부회장은 형제지간이지만, 나이 차이가 많다. 가끔 부자지간으로 오해받을 정도다. 하지만 수십 년 함께 해왔기 때문에 호흡이 잘 맞는다. 오완수 회장은 요즘 회사의 경영 상태를 보며

아주 만족스러워하고 있다. 천석꾼, 만석꾼, 백석꾼이 다 따로 있
는 것 같다며 이제부터는 자신의 역량을 넘어서는 일이라고 했
다. 공장을 손보고 여러 가지 새로운 브랜드를 출시하는 데 아들
오치훈 대표가 하는 걸 보고 만족스럽게 느껴 이 정도면 됐다는
생각에 완전히 권한을 넘겼다. 실제로 오치훈 대표이사는 취임
이후 대한제강의 새로운 토탈 솔루션 브랜드 '스타즈'와 '프레임
웍스'를 출시하며 성공적인 경영능력을 확인시켜주었다. 철근 생
산에서부터 가공 배송 관리까지 서비스하며 고객의 재고부담과
현장관리비용을 현격히 줄여준 '스타즈'는 업계에서 전통기업에
서 혁신기업으로 전환하는 출발점이 됐다는 평가를 받고 있으며
여기서 한 발 더 나아간 '프레임웍스'는 고객의 사업현황을 바탕
으로 물량을 예측하여 안정적으로 공급관리해주는 이른바 솔루
션브랜드로 거듭나며 업계 최초로 새롭고 선도적인 비즈니스 모
델을 제시하고 있다는 호평을 받고 있다.

■ 형제간이라도 눈살 찌푸리는 일을 하면
동생들조차 따라오지 않는다

오완수 회장의 경영철학 핵심에는 '관계'가 있다. 외환위기
를 포함한 상시적인 위기를 극복할 수 있었던 노하우도 관계를

소중하게 여기는 그의 삶의 태도에서 비롯된 것이라 볼 수 있다. 기업으로 따지면 무엇보다 노사 간의 화합과 결집이 중요하다. 그의 리더십은 수천 명의 직원을 이끄는 기업의 리더로서도 그렇지만, 10형제의 장남으로서, 지역 기업인들 사이에서는 중심이자 원로로서, 이제는 원로와 차세대 경영인 사이의 가교로서 활동하며 사람을 중심에 두는 이른바 '이인위본(以人爲本)'의 리더십이다.

오 회장은 10형제의 장남으로서 큰 탈 없이 가족과 기업을 잘

이끌며 살아온 것이 일찍 작고하신 부친에 대한 가장 큰 보답이라고 생각하고 있다. 그 자신이 쉽지 않은 일이었다고 말하지만, 꼭 그런 말을 듣지 않고도 짐작해보면 정말 쉽지 않은 일이었을 테다. 지금까지도 오 회장의 10형제는 화목하기로 유명하다. 오랜 시간 형제들에게 치이며 살아와서 질린 게 많다고 말하면서도 여전히 자주 모이고 형제간 우애가 돈독하도록 중심을 잡아주고 있다. 오완수 회장이 장남이고 넷째가 해양수산부 장관을 역임한

오거돈 동명대 총장이며 일곱째는 오성익 전 기획예산처 정책홍
보관리실장이다. 다들 사회에서 만나면 사회의 지도층 인사이자
어른들인데, 그들이 깍듯하게 대하는 큰 형님인 셈이니 오완수
회장은 어른들의 어른이라고 봐도 좋을 정도다. 이들 형제는 매
년 한 차례씩 모여 오 회장의 호를 딴 해암배 가족 골프 행사를 가
지며 우애를 다진다.

"솔직히 말하면, 참 피곤한 일도 많았어요. 내가 중심을 잃거나 무너지
면 내 뒤로 주르륵 그렇게 될 거라고 생각하니 뭐 하나 내 맘대로 할 수가
없었단 말이지요. 사실은 형제들, 직원들 눈치 많이 보면서 살아온 세월
이죠. 내가 못난 짓을 하면 겉으로야 따라오는 척 하겠지만 속으로는 어
떻게 생각하겠습니까. 신뢰하지 않고 안 보이는 곳에서는 우습게 생각하
지 않겠어요? 나도 이런저런 실수를 할 수 있고 개인적인 욕망도 있었지
만 스스로를 다그칠 수밖에 없었죠. 세상 살면서 제일 어려운 일이 동생
들 눈치 보며 바르게 살아야한다고 스스로를 다그치는 것이었습니다."

오완수 회장은 딱 잘라서, 형제간에도 맏형이 눈살 찌푸리
는 일을 하면 동생들이 신뢰하지 않고 따라오지 않는다고 말한
다. 세상 살면서 가장 어려운 일도 동생들 눈치 보며 올바르게 살
아야 한다고 스스로를 다그치는 것이었다. 바로 밑 동생과 3살 차
이인데, 그 동생의 친구가 자신의 친구이기도 하고 자신의 친구

가 또 동생과 연결되고 하니 어떻게 움직이고 밖에서 어떻게 처신하는지가 모조리 동생의 눈과 귀에 들어갈 수밖에 없었다. 솔직히 말하면 회사 경영하는 것보다 맏형으로서 솔선수범하는 것이 더 어려웠다는 고백이었다. 회사와 조직도 형제들 통솔하는 것처럼 경영했으니, 오완수 회장은 스스로 상당히 파쇼 같은 느낌이었을 것이라 짐작한다며 웃었다. 하지만 이내 표정을 다잡고, 그렇기 때문에 더 열심히 하고 더욱 본보기가 되려고 노력했다며 지나온 날을 회상했다. 웬만큼 열심히 해서 감동을 주지 않으면 독재자처럼 구는 사람을 따라올 리 없다는 걸 잘 알고 있었기 때문이다.

자식들에게도 이런 원리는 마찬가지다. 오 회장은 부자 3대 없다는 말은 농경사회 때나 통하는 옛날이야기라고 말한다. 아버지가 열심히 벌어놓으면 아들은 열심히 쓰고 지키긴 하지만, 그러다 삼대 째 넘어가면 어려운 시절을 본 바가 없으니 쓰는 것만 배워서 다 털어먹는다는 것인데 지금은 돈 있는 사람들이 아이들에게 더 많이 투자하는 시대다. 유학 보내고 공부도 많이 시키니 옛날 식 논리가 안 맞는 경우가 더 많다는 것이다. 아버지가 어느 정도 자리 잡아 놓으면 유학 다녀온 똑똑한 자식이 맡아서 회사를 더 크게 키우는 경우가 많다. 오 회장은 아들을 유학 보내지 않았지만 3세 경영인으로서의 아들을 믿고 있다. 그는 최고의 리더십은 마음으로부터 동의를 얻어내는 것에서 시작된다고 말했다.

　　오완수 회장은 건강을 챙기지 않고 무리하다 10여 년 전 위
암 판정을 받았다. 완치를 위해 열심히 노력했고 겨우 낫긴 했는
데 다시 폐암에 걸리고 말았다. 병원에서는 3기까지 진행돼 살기
어렵다는 판정까지 받았지만 결국 이마저도 이겨냈다. 그는 '암
수술 두 번 해서 건강을 되찾은 것과 10형제를 걷어 먹인 것'을
자기 삶의 두 가지 기적으로 꼽는다. 2011년 수술 이후로 산책과
골프를 통해 건강을 관리하고 있지만 장남이면서 회장, 원로 등

으로 늘 사람들 앞에 서야 했던 그 자신은 어쩔 수 없이 외롭고 지칠 때가 많았다고 회고한다. 그럴 때는 선친을 떠올리며 이겨냈는데 지금도 그의 집무실에는 선친의 얼굴이 담긴 큰 사진이 걸려있다.

■ 사람, 가족, 우애는 사람살이의 기본기

우리는 오완수 회장의 리더십을 한 마디로 '맏형의 리더십'이라고 요약했다. 사실, 오완수 회장이 강조하는 사람, 가족, 우애와 같은 가치들은 굳이 경영을 들먹이지 않아도 사람살이의 기본으로서 중요한 것들이다. 회사로 보면 경영자와 직원 간의 이해와 협력이 상생과 조화를 통해 기업을 성장시키는 첫 번째 열쇠겠다. 그는 지나친 강경노조도, 마찬가지로 사용자 측의 일방적인 기업운영도 경계해야 한다고 강조한다. 함께 일하는 사람들의 마음이 안 맞는다면 다른 어떤 전략도 무용지물이라는 것이다. 그래서 오 회장이 기업경영과 관련해 가장 강조하는 가치도 노사화합이다. 아무리 단단한 기업도 직원의 신뢰와 마음을 얻지 못한다면 오래 가지 못한다고 생각한다. 오 회장이 직원들의 마음을 얻는 방법은 진심과 솔선수범이다. 10형제의 장남으로서 동생

들의 눈치를 볼 때와 같은 마음이다. 일찍 돌아가신 부친을 대신해 10형제의 아버지 노릇을 해온 것도 이와 궤를 같이 한다. 기업경영에서나 가족경영에서나 화합과 우애는 오 회장에게 중요한 덕목이다. 오 회장의 10형제는 오랜 시간 다툼이나 갈등 없이 돈독한 우애를 나누고 있다.

지역 경제인들과의 사이도 마찬가지다. 다양한 분야의 인사들과 두루 원만한 관계를 유지하고 있는데 특히 지역의 대표적 기업인인 동원개발의 장복만 회장과는 군대 동기이며, 장 회장은 제대 후 오 회장의 부친이 경영하던 대한상사 점원으로 7년간 근무한 인연도 있다. 경동건설 김재진 회장이나 넥센타이어 강병중 회장과도 가까운 사이다. 이들은 비슷한 시기, 비슷한 과정을 거치며 함께 지역에서 기업을 경영해 온 동병상련의 사이라 더욱 끈끈하다. 오완수 회장은 또한 1세대와 2세대, 2세대와 3세대 경영인 사이에서 지역 원로경제인으로서 가교 역할도 하고 있다.

2016년, 바야흐로 사회는 21세기를 맞아 격변하고 있는 중이다. 10년이면 강산이 바뀐다지만 지금은 10개월에 한 번씩 세상이 바뀌고 있는 느낌이 들 정도로 정신없을 지경이다. 미디어에서 쏟아내는 정보도 옥석을 가리기 힘들 만큼 우선 그 양이 압도적이다. 이런 흐름 속에서 지역과 기업의 미래는 어떠해야 할지 판단하는 것도 쉽지 않다. 하지만 60여 년 향토기업 대한제강과 오완수 회장의 이야기를 들으며 오히려 유행과는 다른 방식으로 시대와 조응할 수 있지 않을까, 나름의 역발상도 해보게 된다. 빠르게 변하는 세상 속에서 일희일비하기보다 오히려 놓치기 쉽고 잊고 지내기 십상인 인간과 세계의 어떤 보편성에 대한 성찰 말이다. 또한 포말과도 같이 삿되고 호들갑스럽게 들끓는 표면적인 현상 속에서도 면면히 복류(伏流)하는 인간과 세계의 어떤 본질적 측면에 새삼 주목하게 된다. 사람에 대한 이해와 믿음, 그리고 그것으로부터 비롯되는 우애와 관계야말로 격변하는 시대가 다시금 우리에게 요구하고 있는 가치가 아닐까 하는 생각 말이다.

　　부산은 인구 360만의 도시로, 그 자체로 하나의 도시국가라
고 해도 좋을 정도의 대도시다. 중앙에 종속된 지역의 차원에서
만 생각하지 않고 지역을 기반으로 주도적으로 역사를 만들고 있
는 기업의 활동을 살펴보는 일은 소중하다. 변방이 가치 있는 것
은 단순히 공간적으로 거기에 '있기' 때문이 아니라 끊임없이 중
심과는 다른 방식으로 '움직이고', 경계를 '넘나들고', 기존의 제
도나 관습으로부터 '벗어나기' 때문이다. 한국은 광복 이후 채
100년이 지나지 않은, 여전히 근대성과 합리성을 갖추어나가는
중인 과도기의 사회다. 이런 시기 60년 넘게 지역을 지켜오며 이
제 백년 기업을 앞두고 있는 향토기업 대한제강과 오완수 회장의
이야기는 새겨볼 지점이 많았다. 가족, 정(情), 우애, 이인위본(以

▲ 평택압연공장 안전기원제

人爲本) 등의 가치는 서구적 합리성을 최우선으로 삼는 사회적 분위기 속에서 구시대적인 것이며 옛 것으로 취급받기 십상이지만 이러한 전통적 규범과 가치관은 합리적 시스템이 놓치기 쉬운 조직과 관계의 위험성을 상당 부분 상쇄시켜주기도 한다. 더구나 그 리더가 아랫사람들의 눈치를 볼 줄 알고 솔선수범을 통해서만 마음의 동의를 얻을 수 있음을 잘 아는 경우에는 봉건적 인치(人治)의 위험도 그만큼 줄어든다.

앞으로 대한제강이 어떤 변화를 겪고 또 어떤 방식으로 성장하게 될 지는 미지수다. 다만 2016년 이 시점에, 지난 60여 년 대한제강을 이끌어 온 오완수 회장의 속내를 들여다볼 수 있었던 것은 소중한 기회였다. 10형제의 장남으로서 가족애와 인(仁)에 바탕을 두었던 그만의 독특한 경영철학이 대한제강 성장의 저력이었음을 다시 한 번 상기해보며 오늘도 대한제강 전기로에서 뜨겁게 솟아오르고 있을 붉은 화염을 떠올려본다.

대한제강은 부산 국제시장의 대형화재 참사를 딛고 1954년 6월 10일, 부산에서 오우영 창업회장이 설립한 대한상사를 전신으로 하는 제강기업이다. 60여 년 이상 된 장수기업으로 부산의 대표적 향토기업이기도 하다.

대한상사는 1950년대 전후 복구사업의 붐을 타고 철물 도매상에서 철강재 메이커로 전환하는 계기를 맞았다. 1959년, 대한선재를 인수 합병하고 이후 1964년 본점을 부산 동래구 안락동으로 이전했다. 1969년 강괴공장을 세우고, 1970년 2월부터 철근생산을 시작했다. 1975년 오완수 회장이 대표이사로 취임했고 1980년 부산 신평 제강공장을 준공했으며 1990년 상호를 (주)대한제강으로 변경했다. 2001년 녹산 압연공장, 이듬해 신평 압연공장을 각각 준공했고 2003년에는 신평 제강공장 합리화 작업을 통해 연간 60만 톤 생산규모로 확대했다. 유가증권시장에 주식을 상장한 것은 2005년 10월이었다. 2009년 무역의 날 1억불 수출의 탑을 수상했다.

주요 사업은 철 스크랩을 원재료로 빌렛을 생산하는 제강사업, 반제품인 빌렛을 가공해 철근으로 생산하는 압연사업이다. 건설자재 등에 쓰이는 철근이 매출의 80%, 빌렛이 19.7%를 차지하고 있다. 현재 본사는 부산 사하구 신평동에 있고 2014년 오치훈 대표이사가 취임하였으며 같은 해 프레임웍스 브랜드를 출시했다. 연매출 1조원대, 상시 종업원은 500~600명 수준이다.

부울경특별시를
만들자

넥센타이어 강병중 회장

지난 2016년 3월, 한국에서 전 세계인의 이목이 집중된 세기의 대국이 열렸다. 역사에 남아 오래 회자될 이 다섯 번의 바둑시합 주인공은 구글이 오랫동안 준비해 온 인공지능 알파고와 세계 최고의 바둑기사 이세돌 9단이었다. 우리가 실시간으로 목격한 인공지능의 현재는 이미 SF소설이나 영화 속에서 보던 수준을 넘어서고 있었다.

5번의 경기 중 4번을 알파고가 이기며 사실상 인공지능의 완승으로 끝나자 많은 사람들이 경악하며 각자의 입장에서 다양한 진단과 처방을 내놓았다. 정부도 관련 예산을 서너 배로 증액하며 인공지능을 차세대 선도 산업으로 지정하겠다고 발표했다.

하지만 이런 분석이나 처방은 대체로 사후적(事後的)이라는 점에서 많은 아쉬움을 남긴다. 알파고는 과학적, 공학적 노력과 그 역량이 바탕에 깔려있기도 하지만 그에 앞서 21세기의 시대정신이라는 나름의 태도와 철학을 배경으로 하고 있다는 점을 간과하고 있기 때문이다.

우리 시대의 프런티어 정신이라 할 만한 이 현대적 구호는 최근 미국의 벤처기업가들이나 실리콘벨리 같은 데서 자주 언급되는 이른바, '퍼스트 무브(First Move)'라는 것이다. 모험을 두려워하지 않고 선제적으로 대응하며 과감하게 발상을 전환하는 태도 등을 특징으로 한다. 우리 주변에 이런 '퍼스트 무브'의 태도와 철학을 상징적으로 보여주는 기업인들은 얼마나 있을까. 이런 문

제의식은 자연스럽게, 한 발 빨리 결정하고 새로운 영역으로 과
감하게 도전하는 경영스타일로 유명한 넥센그룹의 강병중 회장
에 대한 호기심으로 이어졌다.

■ 심사숙고 메모하고,
속전속결 추진한다

남천동에 위치한 단출한 한식집에서 넥센그룹의 강병중 회
장을 만났다. 작은 체구지만 꼿꼿하게 허리를 펴고 앉아있는 모

▼ 넥센 양산공장 전경

습 위로, '타이어 강'이라 불리며 세계 곳곳을 누볐던 열정 가득한 청년의 모습이 겹쳐졌다.

넥센그룹은 2015년 기준으로 2조 가까운 연매출을 기록하며 세계 타이어 시장에서 가파르게 점유율을 높여가고 있는 넥센타이어를 비롯해 지역민간방송사인 KNN과 (주)넥센 등을 포함 모두 11개의 계열사를 거느리고 있는 기업이며 야구팀 넥센 히어로즈의 메인 스폰서이기도 하다.

많은 이들이 이 넥센그룹을 이끌고 있는 강 회장의 경영스타일을 '발상의 전환'과 '도전'으로 요약한다. 남들이 안 된다고

할수록 오히려 더욱 호기심을 느끼고 발상을 바꿔 저돌적으로 밀어붙인다는 것이다. 지금은 우리 주변에서 흔히 들을 수 있는 '용달차'라는 말도 강 회장이 만든 말이다. 무엇보다 1996년에 법정 관리에 들어가면서 매물로 나와 있던 우성타이어를 고민 끝에 인수하겠다고 나섰던 1999년에는 주변에서 말리지 않는 사람이 없을 정도였다. 차입 경영에 멍들어 살아날 수 있는 가능성이 거의 없는 회사를 인수하겠다는 것은 그야말로 무모한 일로 보였다.

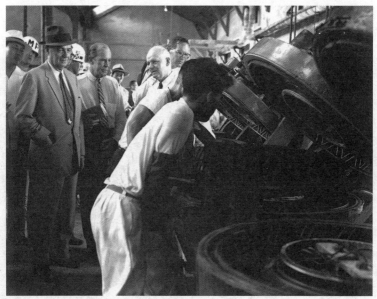

▲ 1956년 흥아타이어 준공식참석관계자 공장 시찰

하지만 강 회장은 결국 인수를 결정했고 매출 2천억 원 규모였던 회사에 그 2배가 넘는 5천억 원을 투자해가며 과감한 방식으로 기업을 탈바꿈시켰다. 15년이 지난 지금 이 회사는 단순 수치로만 봐도 9배 이상 성장하며 세계 타이어 시장의 판도를 바꾸고 있다. 최근 영업이익이 사상 최대였으니 앞으로도 이 성장세는 지속될 것이다. 1942년 당시 부산에서 가장 큰 부자였던 이헌재라는 사람이 창업한 회사였지만 이후 아무도 성공시키지 못했던 기업이었다.

청년 시절, 지인으로부터 자금을 빌려 운수회사를 창업하고 용달차라는 말을 만들어냈으며 어려운 시기 M&A를 통해 사업을 확장해 지역을 대표하는 기업으로 성장시키기까지, 강 회장은 끊임없이 발상을 달리 하며 남들보다 한 발 빠르게 판단하고 실행했다. 이런 공격적인 발상의 전환은 만년 하위 팀으로 외면 받던 프로야구단 넥센 히어로즈에 과감하게 투자해 정규리그 선두로 이끄는 돌풍을 일으키는 등 공격적인 경영을 펼치는 아들 강호찬 대표이사에게서도 발견된다. 하지만 그렇다고 강 회장이 감각과 직관에만 의지해 온 것은 아니다. 다른 사람들과 다르게 생각하고 빠르게 도전하는 기업인으로 많이 알려져 있지만, 역설적으로 강 회장의 좌우명은 '천천히, 고개를 들지 않고, 마음을, 비운다'는 의미로 앞 글자들을 딴 '천, 고, 마, 비'이다. 그는 늘 메모지를

▲ 초기 양산공장 공사모습

가지고 다니며 쉬지 않고 메모하는 것으로도 유명하다.

"사람들이 뭐라고 하든, 나 스스로는 오히려 좀 소심한 편 아닌가 생각해볼 때도 많아요. 특히 큰 결정을 앞두고는 정말 많은 메모를 하고 밤잠을 설쳐가며 심사숙고하는 편입니다. 머리맡에 항상 메모지를 준비해두었다가 자다가도 벌떡 일어나 메모를 한 적이 많죠. 하지만 수없이 반복해서 신중하게 검토했는데도 될 것 같다는 판단이 서면 그때부터는 세게 밀어붙이는 편입니다. 기업 차원이 아니라 산업 전반에 대한 동향과 여러 맥락까지 두루 살펴보았는데도 되겠다는 판단이 들면 당연히 해야 하지 않겠어요?

실패하지 않는다고 확신하고 모든 걸 다 걸고 추진하는 스타일이죠. 생각은 신중하게 하더라도 일단 결단하면 신속하게 추진하는 게 좋다고 생각합니다. 스스로 지난 50여 년 사업을 해오는 동안 큰 실패를 하지 않았던 첫 번째 이유를 꼽으라면 아마도 메모하는 습관 아닐까, 생각해봅니다."

　　요즘도 메모습관은 여전하다며 주머니에서 서너 번 접힌 종이 한 장을 꺼내 보였는데 어디서나 볼 수 있는 평범한 A4 용지를 접은 것이어서 좀 놀랐다. 큰 기업의 회장이니 메모지나 펜도 특별할 것이라 예상했는데 의외라고 하니 내친 김에 학생들이 쓰는 평범한 싸구려 볼펜들도 보여주며 어쩌다 종이가 없거나 메모할 곳이 없으면 눈에 보이는 종이 아무 곳에나 쓴다고도 했다. 강병중 회장은 인생의 가장 큰 결단이었을 우성타이어 인수를 앞둔 1999년 당시, 한 메모지에 이런 글귀를 남겼다고 한다.

　　"부채비율 6,000%의 극심한 자금난을 겪고 있는 우성타이어. 그렇지만 세계적인 타이어 기업인 미쉐린과 합작법인을 설립해 기술 제휴를 한 경험 있음. 제품의 품질과 기술력이 뛰어나고 직원들의 애사심도 높음."

■ 과감하게 바꾸고 한 발 빠르게 움직인다

　　강병중 회장은 지역의 원로기업인으로 올해 77세이지만 대화를 나누다보면 여전히 뜨거운 청년 같은 느낌을 준다. 예나 지금이나 자신이 하면 다 잘 될 것이라고 믿는다며 자신감에 찬 목소리로 얘기를 할 때는, 언제부터인가 우리 주변에서 사라진 이른바 '패기'라는 것이 무엇인지 실감하게 했다.

　"나는 태생이 그런지 모르겠지만 성격이 아주 낙관적인 편입니다. 왜 그런지는 모르겠는데 아무튼 내가 하면 다 잘 될 것이라고 확신하는 편이에요. 지금은 나이를 좀 먹긴 했지만 막 사업을 시작했던 스물일곱 살, 파릇파릇했던 그때랑 크게 달라진 것도 없다고 생각해요.
　지금의 넥센타이어인 우성타이어를 인수할 때도 분명히 머지않아 세계적인 기업이 될 것이라고 자신했지요…"

　　강병중 회장은 1939년생으로 고향은 경남 진주이다. 하지만 중고등학교 학창시절을 마산에서 보냈다. 마산 출신의 유명 방송인 강호동의 아버지는 강 회장의 사촌이다. 즉, 강호동은 강병중 회장의 오촌이 되는 셈이다. 지금도 일 년에 두 번 정도 명절 때가 되면 만나서 안부를 묻는다. 강 회장의 본가가 있던 진주시 길성리에서 약 30km 정도 떨어진 곳은 삼성그룹 창업주 이병철 회장의 고향이기도 하다. 이병철 회장이 천석지기의 아들로 태어난 것처럼 강 회장 역시 부유한 지주의 아들로 태어났지만, 부

친의 전답 3백 석을 물려받아
사업 밑천으로 활용할 수 있었
던 이병철 회장과 달리 강 회장
은 일찍 부모를 여의고 해방 이
후 자유당 시절의 농지개혁으
로 전답마저 모두 소작인에게
분배되면서 고등학교 시절부터
고학을 해야만 했다.

"어릴 때는 아주 잘 살았죠. 근방
땅이 전부 우리 것이었는데 일 년
에 5백 석 정도 거뒀다고 해요. 부
친도 재산을 물려받은 게 아니고
일생동안 열심히 일하고 아껴서 자
수성가한 분이었어요.

시장에서 상하기 직전의 생선만
헐값에 사다가 먹었던 일화도 있
고, 아무튼 참 알뜰하게 열심히 사
셨죠. 하지만 모친이 내 나이 세 살
때 돌아가셨고, 열두 살 때쯤에는
자유당 시절이었는데 농지개혁으

▲ 불우이웃돕기

▲ 장학금 수여식

로 재산도 모두 우리 것이 아니게 되면서 아버지마저 돌아가셨으니 막막했죠."

강병중 회장은 마산동중학교와 마산고등학교를 나와 동아대 법대를 졸업했다. 처음엔 학비 부담이 없는 육군사관학교에 가서 군인이 되려고 했지만 키가 작다는 이유로 입시에서 탈락하고 말았다. 당시 육군사관학교의 입학조건이 165cm였는데 1cm 모자랐다. 육사 입시에서 떨어지자 곧바로 공군에 입대해 군 복무를 마쳤고 전역 후에는 법조인이 되기로 마음먹고 당시 한강 이남에서 사법고시 합격생이 가장 많았다는 동아대 법대에 입학했다.

강 회장의 형수가 학비를 포함해 많은 도움을 주었고 그 자신도 다양한 아르바이트를 하며 학창시절을 보냈지만 고시 공부에 집중할 만큼 형편이 넉넉지 않아 결국 법조인의 꿈도 접어야만 했다.

1966년 가을, 대학 졸업과 함께 부인 김양자 여사와 결혼했고 이듬해인 1967년 비로소 첫 사업을 시작했는데, 중앙동에 시청이 있던 시절 반도호텔 옆에 사무실을 내고 일본에서 중고화물차를 수입해 팔기 시작했다. 자본금이 없었는데 중학교에서 교편을 잡고 있던 아내 김양자 여사의 삼촌이 많은 도움을 줬다. 당시 일본에서 사업을 하고 있던 처삼촌은 젊은 강 회장 부부를 많이 아꼈다고 한다.

회사 이름을 옥정산업으로 지었는데, 옥정(玉井)이라는 이름도 사업에 도움을 준 일본 친지들의 회사 이름 옥정건설에서 따왔다. 당시 주로 다룬 화물차는 8톤짜리였는데 일본에서는 5년 쓰면 폐차하는 게 보통이었지만 한국에서는 10년도 더 쓸 수 있었다. 집 한 채 가격이 100만원에서 150만원 하던 시절에 차 한 대를 팔면 50만원이 남았는데 사업을 마칠 때까지 모두 300대 정도를 팔았으니 말 그대로 떼돈을 벌 수 있었다.

하지만 이후 경쟁업체들이 많이 뛰어들면서 매출이 급격히 감소하기 시작했는데 그때 아이디어를 낸 게 운수업이었고 이는 다시 옥정운수의 창업으로 이어졌다. 학창 시절 운수회사에서 아르바이트했던 경험이 유용했다.

일본에서 앞바퀴 하나에 뒷바퀴 두 개인 소형 삼륜차를 본 강 회장은 이것이야말로 도로가 좁은 우리나라에서 오히려 더 승

산이 있겠다고 판단했고 귀국하자마자 기아자동차에 찾아가 삼
륜차 생산을 의뢰했다. 마침 막 삼륜차를 만들기 시작했으나 판
로를 찾는데 어려움을 겪고 있던 기아자동차로서도 좋은 파트너
를 만난 셈이었다. 강 회장은 이 삼륜차가 특히 도로가 좁고 골목
이 많았던 부산에서 아주 유용할 것이라고 생각했다. 부산에서는
주로 우마차가 물건을 싣고 다녀서 골목마다 소와 말의 오물들이
넘쳐 골칫거리였던 시절이었다.

　　박영수 당시 부산시장을 만나 면허를 요청하면서 삼륜차를
통해 골목과 도로의 오물 문제를 해결하겠다고 설득했고 결국 허
가를 받았는데 기존 화물 면허로는 안 된다고 해서 따로 용달이
란 말도 만들게 되었다. 그렇게 우리나라에서 '용달차'라는 말을
처음 만든 사람이 되었고, 이후 화물 운수회사와 용달 운수회사

▲ 2015년, 2016년 고용창출우수기업 청와대초청

를 여러 개 만들어 운영했다. 5년 뒤 운수회사를 그만둘 때쯤에는 직영과 지입으로 등록된 차량만도 850대가 넘었다.

■ '타이어 강'의 탄생과 성장

타이어라는 새로운 세계로 뛰어든 것은 강병중 회장의 삶에서 중요한 전환점이었다. 이 시점부터 강병중 회장 특유의 경영 스타일, 즉 여러 맥락을 살피며 심사숙고한 다음 일단 결단하면 좌고우면하지 않고 밀고 나간다는 나름의 스타일도 확립된다.

"숙고할 시간을 가져라. 그러나 일단 행동할 시간이 되면 생각을 멈추고 돌진하라"던 나폴레옹의 명언을 떠올리게 한다. 강 회장은 이미 중고차를 수입해 팔던 첫 사업이 한창 잘 풀릴 때도, 언젠가는 우리도 자동차를 만들게 될 테니 오래 할 수 있는 사업은 아니라고 판단하고 있었다. 운수업을 하던 시절에도 국내에서 용달이란 말을 처음 만들어 사용했고 시장을 선점하기도 했지만 이후 기아용달 등 후발업체들이 생겨나자 역시 장기적으로는 전망이 없는 사업이라고 생각했다. 그러던 차에 흥아타이어 영남총판을 하던 윤두상씨(문화관광호텔 대표)로부터 재생타이어 공장을 사겠느냐는 제의가 왔다. 초기 운수업을 할 때 가장 골치 아팠던 게 수명이 다 된 타이어의 잦은 펑크였던 기억을 떠올렸다.

고민 끝에 운수회사를 그만두고 1974년, 지금의 남천동 우체국 자리에 있던 1천 1백 평 정도 되는 공장을 사서 흥아타이어 공업을 설립하고 직접 재생타이어를 생산하기 시작했다. 하지만 제조업과 운수업은 여러 모로 다른 점이 많았다. 원료와 가공, 영업 등 대부분의 영역을 재조정하느라 애를 먹었지만 때마침 개통된 경부고속도로 덕분에 자동차의 수요가 급증하면서 결국 이 사업도 크게 성공시킬 수 있었다.

강 회장은 돌이켜보면 중요한 시기마다 자신에게 여러 모로 좋은 운이 많이 따라주었다고 회상했다. 공장 확장을 위해 지금의 수영강변 자동차 매매단지 자리에 있던 삼우빵 공장을 매입했을 때도 마찬가지였다. 당시에는 삼립, 삼미 등 빵공장이 동시다발적으로 많이 생기면서 전반적으로 빵공장들의 운영난이 심각할 때였다. 그러니 경매로 나와도 팔리지 않던 공장이었는데 이것을 강 회장이 3억여 원에 매입한 것이었다. 하지만 매입하자마자 제빵 기계 수입이 전면 금지되면서 때 아닌 빵 기계 품귀현상이 일어났고 강 회장은 매입한 공장에서 기계만 팔고도 이미 공장을 살 때 지불한 돈 이상을 벌 수 있었다. 3천 평이 넘는 그 공장에서 제대로 된 생산을 하며 비로소 든든한 기반을 닦게 됐다.

"꾸준히 준비하다보면 사람에게 몇 번은 기회가 온다는 말이 있죠? 나에게는 그 첫 번째 기회가 결혼 직후 중고차 수입하고 운수업 할 때였던 것 같고 두 번째가 반여동 공장이었다고 생각합니다. 거기서 일본과 기술 제휴도 하게 됐고 이후 미국 시장에도 진출할 수 있게 됐죠."

　　운이 따라줄 때가 있으면, 열심히 해도 잘 안 되는 실패의 순간도 있게 마련이다. 강병중 회장에게는 IMF 시기가 그랬다. 금융경제의 중요성이 갈수록 커질 것이라 예상했고, 서울과 수도권에 집중되어있던 금융업에 대응하기 위한 부산 경남 권의 금융업을 활성화해야 한다고 생각했다. 우선 스스로 마산에 경남생명보험을 설립했고 이후 제일투자신탁, 상은리스, 경남리스 등을 공동설립하거나 대주주로 참여했으며 부산상의 회장을 할 때는 동남은행을 부산에 설립하도록 주선하기도 했다. 하지만 IMF가 오면서 이 모든 것을 정리해야 했다. 경남생명과 제일투자신탁은 그나마 운 좋게 매각했지만 나머지 회사들에 투자한 자본은 모두 휴지조각으로 변하고 말았다.

　　하지만 그는 곧 부실기업으로 법정관리 중이던 우성타이어를 인수하며 언제 그랬냐는 듯 털고 일어나 새로운 시장에 집중하기 시작했다. IMF 직후인 1999년, 부채비율 6천%를 넘어가며 회생불능상태로 보였던 우성타이어를 인수하기로 결심한 것은 회심의 한 수였다. 많은 사람들이 반대했지만 노조를 중심으로

▲ 연구소 소음 측정 시험

똘똘 뭉치는 직원들의 인상적인 모습이 강 회장의 마음을 크게 움직였다.

　　강 회장은 인수 직후 회사 이름을 넥센으로 바꿨다. 사내 공모를 통해 나온 것들 가운데 다음 세기를 뜻하는 넥센이라는 이름을 택했다. 마침 그 무렵이 새천년을 맞이할 당시였고 천년까지는 몰라도 백년은 갈 수 있는 기업으로 만들어보고 싶었다. 강 회장이 볼 때 우성타이어는 좋은 회사였는데 관리가 제대로 되지 않고 있었다. 강 회장은 회사를 인수하면서 완벽하게 고용을 승

계하고 구조조정 과정에서 인원을 감축하기는커녕 오히려 늘렸
다. 또한 친인척을 일체 쓰지 않는 한편 전문 경영인 체제의 투명
경영을 도입했으며 수준 높은 사원복지를 통해 노사화합을 이끌
었다.

당시 타이어업체의 대표 격이었던 금호와 한국타이어 수준
으로 급여도 맞추었다. 거의 2배 정도의 인상이었다. 회사 분위기
가 바뀌기 시작했다. 또 들어가 보니 능력 있는 직원들이 많이 나
간 상태여서 인재도 수혈하기 시작했다. 경쟁업체에서 회사가 어
렵다고 내보낸 인재들을 넥센으로 데려왔는데 이들이 이후 연구
소에서 큰 역할을 해주면서 영업이익도 10%를 넘기기 시작했다.
전무후무한 일이었다.

강 회장은 스스로도 인사에 특히 강점이 있는 것 같다고 자
평한다. 삼성전자 사장 출신을 데려오는 등 지역기업이 잘 하지
않았던 역발상의 인사를 많이 실행했다. 이후 중국과 창녕에 공
장을 지은 것도 발상 전환의 좋은 사례로 거론된다. 지난 20년이
넘는 시간 동안 넥센에서는 단 한 차례의 노사분규도 없었다. 급
여나 노사분규 외에도 노조 위생 팀이 직원식당을 일일이 챙길
만큼 다양한 복지정책이 시행된다. 상장사 가운데 가장 먼저 주
총을 열어 주주들과 신뢰를 쌓고 직원들에게 있는 그대로의 실적
을 공개하는 것 역시 강 회장의 소신이다. 넥센은 비정규직 역시

▲ 2000년 넥센 CI 선포식

한 명도 없는 이상적인 모델의 회사로 성장하는 한편 해외로 나가는 한국 기업이 국내로 돌아오는 선도적 모델의 우량기업으로 자리매김했다.

■ 세계에서 가장 빠른 성장, 시장의 판도를 바꾸다

　　2010년 5월, 강병중 회장이 세계 유일의 최첨단 타이어공장을 건설하겠다고 결심한 것은 또 하나의 역사적 도전이었다. 이 결정은 1조 5천억 원이 소요되는 규모 자체만으로도 거대한 기획이었지만 공장의 소재지로 경남 창녕을 선택해 또 한 번 주변을 놀라게 하는 역발상이었다. 창녕공장 준공은 2004년, 삼성 아산 탕정산업단지 조성 이후 8년 만에 이뤄진 국내 대규모 산업단지 조성이란 측면에서도 큰 의미가 있는 사업이었다. 1995년 현대자동차의 전주 공장, 1997년 한국타이어의 금산 공장 이후 자동차와 타이어 부문에선 10여 년만의 대규모 생산시설이 만들어지는 셈이었다.

　　당시 대다수의 기업들은 인건비와 운영비 절감을 위해 있던 공장도 중국 및 동남아 등지로 옮기고 있던 터였다. 모두가 저임금을 찾아 동남아, 중국 등으로 나갈 때 넥센타이어는 역발상으로 유턴(U-turn)전략을 선택한 것이었다. 당연히 관련 업계 뿐 아니라 넥센의 직원들 사이에서도 무모한 일이라는 비판이 일었다. 더구나 당시는 글로벌 금융위기로 세계경제가 전반적인 침체기로 어려운 상황이었다. 하지만 강병중 회장은 중국이나 동남아에 공장을 지으면 당장 얼마간의 원가는 절감할 수 있을지 몰라도 장기적으로 볼 때 제품의 품질과 경쟁력에서 세계 최고가 될 수는 없을 것이라고 판단했다. 그로부터 2년 뒤 탄생한 넥센의 창녕 공장은 세계 최고 수준의 친환경, 전자동화 타이어 제조 공장으로 세계 타이어 시장의 판도를 바꾸는 획기적인 사건이 되었다.

▲ 2012년 넥센타이어 창녕공장 준공식

　　창녕공장은 현재 연간 1,200만 개의 초고성능 타이어를 생산하고 있다. 피아트, 크라이슬러 등 세계적인 메이커들이 줄을 이어 방문하고 신차 타이어 공급 계약을 맺고 있다. 지난 10여 년 사이 매출도 약 10배 급증했다. 전 세계 260여 개 타이어 업체 중 가장 빠른 성장이다. 창녕공장의 증설은 서부산권 지역경제에도 큰 변화를 주었다. 창녕공장 설립을 기점으로 창녕군의 인구는 2천여 명 늘었고 유관기업 212개가 유치되면서 1만 6천개 가까운

▲ 창녕공장 전경

일자리가 새로 생겼다. 창녕공고를 인수해 학교에 투자하고 학생에게 장학금을 주는 방식으로 인재도 키우고 있다. 졸업하면 회사로 취직시키는 안정된 시스템을 확보하여 지역을 활성화시키고 있는 것인데 회사의 대우가 좋으니 학생들이 몰린다.

넥센타이어는 앞으로 창녕공장의 남은 부지 7만여 평에 공장을 더 세울 계획이다. 이렇게 되면 연간 6천만 개의 타이어를 생산할 수 있게 되고 넥센은 세계 10대 타이어 전문기업으로 자

▲ 중국 청도공장 기공식

리매김하게 된다. 창녕 공장에 관해 설명할 때 목소리의 톤이나 볼륨도 가장 커졌을 만큼 강병중 회장에게 창녕 공장은 자부심의 상징이다.

강 회장은 이미 창녕공장이 세계 1위의 타이어공장이라고 자신 있게 말했다. 단일공장으로는 세계 최대이며 세계 유일의 전 자동시스템 공장이라는 점을 신이 난 목소리로 강조했다. 세계 3대 디자인상인 독일 레드닷 디자인어워드를 수상했을 만큼 완전히 새로운 개념의 공장이라는 것이었다.

넥센타이어는 창립 이후 연간 20%의 가파른 성장세를 보여왔다. 과감한 판단과 발상의 전환, 그리고 그렇게 성장한 기업의

▲ 넥센타이어 체코공장 기공식

혜택을 직원은 물론 주민들과 함께 나누려는 의지가 결합된 성과라고 볼 수 있다. 넥센타이어는 중국 청도에 이어 체코 자테츠 지역에 두 번째 해외공장도 계획하고 있다. 130여 개 나라에 타이어를 수출하며 해외딜러들로부터 '타이어 강(Tire Kang)'이라 불리고 있는 강 회장의 도전이 계속되고 있는 셈이다.

　　그는 타이어산업의 미래도 지금과는 많은 부분에서 달라질 것으로 예상하고 선제적으로 움직이기 위한 준비를 하고 있다. 타이어의 기초 원료 90%가 기름인데 현재 타이어업계에서는 최대한 원유성분을 줄이려는 시도를 하고 있다. 식물성 기름을 사용하거나 원유 대신 오렌지 껍질에서 추출한 기름, 해바라기 씨

기름 등을 사용해 친환경 저연비 타이어를 만들고 있기도 하다.

강 회장이 보기에 앞으로는 원유를 아예 쓰지 않고도 타이어를 만드는 시대가 올지 모른다. 자동차는 전기자동차 시대로, 타이어는 저연비 타이어 시대로 접어들 것이기 때문에 연구개발에 많은 투자를 해야 한다고 판단한 것이다. 그래서 최근 수년 사이 연구소의 인원도 3배 이상 늘어났는데 앞으로도 꾸준히 더 늘릴 예정이라고 했다.

한동안 사담(私談)을 나누다 헤어지기 전, 이제는 건강에도 좀 더 신경을 쓰고 자기 자신을 위해 더 많은 시간을 써도 될 때가 아니냐고 묻자 강 회장은 어색하게 한 번 웃더니 말을 이었다.

"나는 그동안 다른 데 신경 쓸 겨를 없이 그저 일만 하며 살아와서 특별한 취미랄 것도 없는 사람이에요. 시간 나면 아내랑 집 근처를 산책하거나 온천에 가는 정도죠. 가끔 산에도 가고 골프도 칩니다만 워낙 바쁘게 살아온 탓에 흔한 영화 한 편도 제대로 본 기억이 없어요.

밤늦게까지 일하고 또 새벽에 나가는 생활을 반복하며 살아왔는데 아직도 짬이 나면 회사 생각, 고향과 부울경 지역 발전 생각 같은 것만 하게 돼요. 그렇게 살아온 게 몸에 배어서인지 나 자신을 위해 문화생활을 한다거나 지금까지와는 다른 뭔가를 한다는 게 꼭 평소 안 입던 옷을 입는 것처럼 어색한 느낌이 듭니다. 2016년부터 아들이 경영 일선에 나서기 시작했으니 예전보다는 나은 상황이지만 그래도 여전히 무슨 이유 때문인지 늘 바쁘네요."

■ 부울경 특별시를
만들자

    강병중 회장과 이야기를 마무리할 때쯤, 문득 '등잔 밑이 어둡다'는 속담이 새삼스레 떠올랐다. 가까이 있는 사람이나 익숙한 것들은 대단해보이지 않고 그 가치를 알아보기 힘들다는 의미다.

    기성세대의 탓이 크겠지만 청년들은 갈수록 서울과 수도권만 바라보고 지역에서 일어나는 일에는 무관심하다. 그 와중에 중앙과 지역의 격차도 더욱 벌어지고 있다. 하지만 강 회장은 부산과 경남을 떠날 생각이 없다고 했다. 오히려 그는 모두가 중앙을 바라보고 있을 때 부울경을 특별시로 만들자고 또 한 번 특유의 역발상으로 도전적인 화두를 던진다. 이미 1994년, 최연소로 부산상공회의소 회장과 대한상공회의소 수석부회장에 취임하면서 무산되기 직전의 삼성자동차 부산 유치와 증권선물거래소 부산 설립, 수도권 정비법 개정, 녹산국가산업단지 활성화 등 굵직굵직한 지역 현안을 성사시킨 바 있다.

    강 회장은 한때 한국경제를 이끌었던 부산 경제가 급격히

쇠락하면서 중소상공인 뿐 아니라 영세사업자들까지 타격이 컸기에 지역 원로경제인으로서 큰 사명감을 느낀다고 했다. 이런 문제의식이 수도권을 마냥 바라만 보고 있을 게 아니라 경쟁력을 키우기 위해 부산, 울산, 경남이 하나가 되어 인구 800만의 동남광역경제권을 건설해야 한다는 생각으로 발전한 것이다. 이는 단순한 지역이기주의가 아니며 국토균형발전의 차원에서도 긍정적인 효과가 크다는 설명을 덧붙였다. 창녕공장을 통해 서부 경남 발전을 도모하고 부산진주발전협의회 공동의장을 맡고 있는 것도 같은 맥락에서 이해할 수 있다.

"부산, 울산, 경남이 하나가 되어 인구 800만의 동남광역경제권을 만들어야 한다는 소신을 오래 전부터 가지고 있었어요. 국토균형발전의 측면에서도 수도권과 경쟁할 수 있는 대칭되는 지역이 있어야 합니다. 부울경특별시를 만들자는 제 주장이 지금은 어떻게 들릴지 몰라도 여러 모를 따져봤을 때 나중에는 꼭 필요한 일이라는 것을 알게 될 겁니다."

강 회장은 50년 넘게 타이어 외길을 걸어왔을 뿐 아니라 부실기업을 인수해 우량기업으로 만들어내는 M&A에서도 뛰어난 역량을 보여 왔다. 우성타이어를 비롯해 부산방송 등이 그의 손을 거쳐 우량기업으로 재도약했다. 강 회장은 서두르지 않고 무리하지 않되 결단을 내리면 뚝심 있게 밀고 나가는 평소 스타일처럼, 경영현장에서도 연구개발을 중시하며 철저히 준비하되 준비가 끝나면 과감한 투자로 이어간다. 그의 이러한 준비와 투자가 거의 예외 없이 성공하는 것과 관련해 동료 기업인들은, "기업의 현재와 미래를 꿰뚫어 보는 남다른 통찰력과 지혜를 갖고 있다. 경영상의 중대 고비에서 그가 내린 결정들이 시간이 지나고 세월이 흐른 뒤에 보면 거의 대부분 들어맞는 것을 보며 놀라곤 했다.

현재는 어렵더라도 발전가능성이 있는 기업을 찾아내는 안

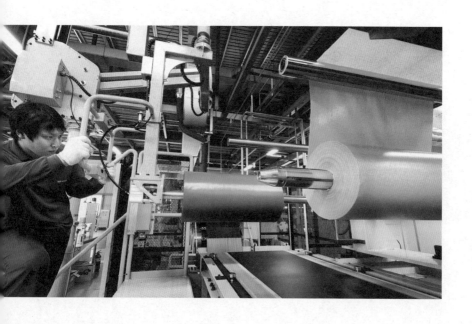

목에 있어서 강병중을 따라갈 사람은 없는 것 같다"고 평가한다. 기본에 충실하되 기업의 생존과 발전을 위해서는 과감하게 판단하고 실행하는 것은, 그대로 전통을 존중하되 그 기반 위에서 혁신을 지향하는 기업의 좋은 사례이다. 부울경을 특별시로 만들자는 강 회장의 최근 화두 역시 사회 전반의 흐름과 철두철미한 맥락에 대한 심사숙고 끝에 나온 것이 아닐까.

강병중 회장의 호는 월석(月石)이다. 1968년 미국의 암스트롱이 인류 최초로 달나라에 첫발을 내디딘 뒤 달에서 가지고 온 돌이라는 뜻으로 불가능 해 보이는 것도 하면 된다는 큰 꿈을 갖자는 의미가 담겨있다. 2011년, '가장 존경받는 기업인상'을 수상하기도 한 그는 성공한 기업인은 그만큼 사회적 책무도 중요하게 생각해야 한다고 강조하는데 실제로도 자신의 호를 딴 월석장학회, 넥센월석문화재단 등을 통해 다양한 장학사업과 문화 사업을 펼치고 있다. 지역의 청년들도 그의 호 월석처럼 원대한 꿈을 가질 수 있도록 한 마디를 부탁하자 강병중 회장은 이렇게 말했다.

"다르게 생각하고, 남들이 안 된다고 해도 한 번 해보겠다는 자세를 잃지 말았으면 합니다. 할 수 있다는 자기 확신이나 열정이 없다면 운이나 상황이 받쳐줘도 일이 되지 않습니다. 저는 신입사원들에게도 무조건 저질러보라는 말을 자주 합니다. 실패해도 회사가 책임질 테니 뭐든 지 해보라는 거죠. 위험이 없으면 얻는 것도 없습니다. 다른 사람과 다 른 방식으로 바라보고 때로는 엉뚱한 역발상을 할 수도 있어야 하죠. 요 즘 젊은이들이 좋아하는 애플의 스티브 잡스도 '다르게 생각하라 (Think Different)' 고 하지 않았습니까. 그런데 이런 얘기들이 새로운 것이 아니 에요. 결국 예로부터 많은 사람들이 강조해 온 도전정신이죠. 그리고 그 것은 누구보다 기업가에게 필요한 정신이고요."

지금 우리 사회의 구성원들에게, 특히 지역의 청년들에게 모험이나 도전 같은 말은 어떤 의미로 다가갈까. 아마 이전 세대 보다도 훨씬 멀고 아득한 말로 받아들이고 있지는 않을까. 하지 만 여러 맥락을 살펴보고 판단이 서면 한 발 먼저 움직인다는 '퍼 스트 무브'의 정신은 어느 때보다도 시급하게 요구되고 있는 21 세기의 시대정신이다. 피할 수 없다면 정면 돌파할 수밖에 없다.

'타이어 강'으로 불리며 세계 타이어 시장의 판도를 바꾼 강 병중 회장의 지난 50여 년 역사를 듣고 돌아오는 길, 중언부언 변 명하지 말고 한 번 부딪쳐보자는 묘한 용기 같은 것을 느낄 수 있 었다.

넥센의 전신은 1968년 세워진 유신주철(주)로 1974년 흥아타이어공업(주)으로 상호를 바꾼 뒤 2002년 지금의 회사명인 (주)넥센으로 변경했다. 1979년, 수출의 날 대통령상을 받았고, 1984년 2천만 불 수출의 탑을 받았다. 1987년 증권시장에 주식을 상장했다.

이후 1995년 6월 중국에 현지법인 청도흥아윤태유한공사를 세웠다. 1999년 우성타이어의 경영권을 인수해 2000년에 넥센타이어(주)로 사명을 바꾸었고 이듬해 12월 (주)KNN의 전신인 부산방송(주)을 인수했다.

2012년 10월 창녕공장을 준공하고 이듬해 넥센그룹의 지주회사로 전환했다. 주요 사업부문은 타이어, 운송보관, 금형 사업으로 나뉜다. 넥센은 국내에 5개의 계열회사를 두고 있으며 해외법인 계열사도 5개사가 있다. 1년에 4,000만개의 타이어를 생산하고 있다. 넥센의 가족은 한국 5개사에 7,000여명, 중국 등 해외에 4,000 여명 등 모두 1만 1000여명에 달하고 있다.

2
가치창조와
사회공헌

"무엇보다 직원들이 건강해야 합니다. 그래
야 회사도 큽니다. 지금 우리에겐 진짜 유기농
이란 게 없어요. 국제기준의 네 배 이상으로 농
약이나 화학비료를 쓰면서도 저농약이니 친환
경이라고 해요. 엄청나게 많은 농약을 써서 재
배한 야채를 우리 국민들이 유기농인 줄 알고
먹고 있는 셈이죠. 1년에 의료보험이 조 단위로
나가고 있는데 아프고 나서가 아니라 아프기 전
에 예방해야 합니다. 유기농이 발달한 쿠바의
경우엔 병원이 30%나 줄었어요. 나만 해도 제
대로 된 유기농 덕분에 식사량이 많이 줄고 암
도 회복했는데 이런 내용이 많이 안 알려지니
아쉽죠."

– 강림 CSP 임수복 회장

"기업을 경영하는 제가 예술가를 지원하고 문화공간을 만든 것이 어떻게 보면 뜬금없어 보일 지도 모르겠습니다. 또 아무래도 이 지역이 전통적으로 공장지역이었기 때문에 지역에 대한 편견도 작용했겠죠. 하지만 가만히 생각해보면 아예 다른 영역이라고 보기도 어려워요. 우리 회사가 만드는 주력제품이 안료입니다. 우리 주변의 사물에 색을 입히는 제품이죠. 자칫 무미건조해질 수 있는 세상에 저마다 어울리는 색을 입혀 더욱 다양하고 또렷하게 그 존재를 드러낼 수 있도록 돕는 것이 우리가 하는 일이라고 볼 수 있습니다. 예술과 통하는 점이 많지 않나요?"

– 욱성화학 변준석 대표

근본에서
시작해야 한다,
먹는 것이 전부다

강림CSP 임수복 회장

어느덧 한국사회도 양적인 성장에서 질적인 성장으로 패러다임이 바뀐 지 오래다. 단순히 먹고 자는 것을 넘어선 삶의 질을 강조하고 있다. 어떤 음식을 먹는가의 문제는 삶의 질과 직결된다. 먹는 것은 사람살이의 근본이기 때문이다. 이를 바로잡지 않고 건강한 일상이 가능할 리 없고, 건강한 일상이 없다면 그 어떤 성공이나 행운도 부질없는 따름이다. 우리의 먹거리와 새로운 가치로서의 생명산업에 대해 우리 주변의 기업가들은 어떤 생각을 갖고 있을까. 여느 기업가와는 다른 독특한 경험을 통해 스스로의 삶을 되돌아보고 사람살이의 근간인 먹거리에 주목하며 이제는 '유기농 전도사'라는 별명까지 얻으며 제2의 인생을 살고 있는 강림CSP의 임수복 회장을 만나게 된 이유다.

■ 철강 사업가에서
유기농전도사로

광안리 바다가 한눈에 들어오는 해변의 한 식당에서 임수복 회장을 만났다. 부산은 물론 전국적으로도 유명한 식당이었지만 임 회장은 밑반찬으로 나온 채소 몇 개에만 젓가락을 댈 뿐이었다. 대신 손수 가지고 온 차를 따라주며 자신은 암 때문에 죽을 고비를 넘긴 이후로 바깥에서는 잘 식사하지 않으니 개의치 말고 편하게 식사하라고 했다.

유기농 전도사로 불리지만 임수복 회장의 본업은 철강이다. 그가 대표이사로 있는 (주)강림CSP는 1976년 창업해 2016년 창업 40주년을 맞이하는 무계목(無繼目)강관 전문 물류회사이다. 무계목 강관이란, 용접으로 이어붙이지 않고 쇠를 늘려서 만든 파이프를 말하는데 고강도의 쇠파이프가 필요한 조선업을 비롯해 석유화학, 해양 플랜트 등의 분야에서 주로 사용된다. 강림CSP는 이 무계목 강관의 국내 최대 공급업체이다. 또, 부산 강서구 화전산업단지에 위치한 본사 물류창고도 3만 톤의 물량을 비축할 수 있는 동양 최대 규모를 자랑한다.

1947년 경남 밀양에서 태어난 임 회장은 가난하고 힘겨운 어린 시절을 보냈다. 초등학교 때는 돈을 벌기 위해 거리에서 '아이스케키'를 팔았다. 두부를 만들고 남은 물(숫물)을 구해다 학교 돼지를 키워주고 학비 지원을 받아가며 공부하기도 했다. 하지만 그는 가난한 집안에서 어렵게 자란 게 오히려 기업 경영하는 데는 도움이 됐다고 말한다.

밀양실업고등학교 재학 시절에는 주산으로 유명했다. 1학년 때부터 학교 주산 대표로 활약하며 여러 경진대회에 나가 상도 받았다. 이런 주산 실력을 바탕으로 고등학교 3학년 때 부산 중구 창신동에 있던 부산우체국 소관의 저금관리국에 입사했는

데 처음 맡은 업무는 학생들이 맡긴 예금 이자를 계산하는 일이
었다. 첫 월급은 2천 5백 원이었다. 나름 안정된 직장이었으나 월
급이 너무 적었다. 그래서 이듬해 천일철강 경리로 자리를 옮겨
서 성실하게 일했는데 이를 눈여겨 본 사장이 일솜씨를 보니 다
른 일도 잘 하겠다며 영업직으로 발령을 냈다.

    하지만 영업은 쉬운 일이 아니었다. 밀양사람인 그에게 부
산에 인맥이나 학맥 같은 게 있을 리 없었다. 다른 직원이 맡지 않
은 거래처를 개발하려고 건설 현장을 찾아다녔다. 현장 관계자
를 '선생님'이라고 부르며 눈길이라도 마주치면 깍듯이 인사하
고 철근과 파이프 등을 성심껏 소개했다. 받은 주문은 제때 정확
하게 공급했고 공사가 끝날 때까지 수시로 음료수를 사들고 현장
을 찾아가 관계를 다지기도 했다. 그러는 동안 성실하고 싹싹한
젊은이로 소문이 나면서 주
문을 넣는 거래처도 늘어갔
다. 회사에서도 그런 능력
을 인정받아 조선업체 같은
좀 더 큰 거래처를 담당하
다 나중에는 일본에서 철강
제품을 수입하는 일까지 맡
게 됐다. 이때 일본을 오가
며 쌓은 경험은 나중에 그

▲ CSP 전경

가 창업할 때 큰 자산이 됐다.

　그러던 중, 회사의 큰 거래처였던 대선조선이 갑자기 거래를 끊겠다는 통보를 해왔다. 당시 천일철강의 영업 부장으로 책임자였던 그에게는 청천벽력 같은 통보였다. 대선조선에서는 차라리 임수복 회장이 독립해서 회사를 차리면 납품할 수 있도록 도와주겠다고 했다. 천일철강의 대표와 갈등이 생겼기 때문이었다. 큰 기회였지만 10년 넘게 일한 회사에 대한 의리가 마음에 걸렸다. 가족들의 반대도 심했다.

하지만 임 회장은 결국 대선 측의 제안을 받아들여 1976년 강림파이프상사를 설립했다. 그의 나이 스물아홉 살 때였다. 창업자금이 없어 신혼집 골방에다 사무실을 냈다. 창업하기로 결심한 데는 일본 출장을 다니며 알게 된 JIT(Just In Time) 시스템에 대한 경험도 한몫했다. JIT는, 필요한 시기에 필요한 만큼만 부품을 조달하고 재고를 없애는 일본 도요타의 최신 경영시스템이었다. 당시 국내에서는 선박 건조에 필요한 강관을 수입해 썼는데 앞일이 어떻게 될지 모르니 미리 20% 정도는 여유분을 확보해야 적장에 쌓아두었다가 그 여유분이 시간이 지나 녹이 슬어 상당량을 고철로 폐기처분하는 경우가 많았다.

그는 용접으로 이어붙이지 않고 봉강을 뚫어 만든 무계목(無繼目) 강관을 일본 스미토모, 관서강관 등에서 수입해 국내 조선업체에 납품하며 이 시스템을 도입했다. 특히 지금의 한진중공업인 당시 대한조선공사가 이 시스템을 통해 직접 일본까지 가지 않고도 구매 비용을 20% 가량 줄인 것이 소문나면서 다른 업체들의 주문이 쇄도하기 시작했다. 여러 회사의 주문이 들어오니 강림파이프 역시 한꺼번에 주문할 수가 있어 부대비용을 줄일 수 있었다. 이를 계기로 임 회장의 사업은 날로 번창하기 시작했고

2000년에는 회사 이름을 강림CSP로 바꾸었으며 오늘날 동양 최
대의 강관물류창고를 가진 매출 3천억 원대의 중견기업으로 자
리매김하게 된 것이다. 임 회장이 신혼집 골방에서부터 맨손으로
일으킨 강림CSP의 역사에서 초창기 JIT시스템의 도입은 새로운
도전이었고 업계에서는 이전과 다른 패러다임을 제시한 핵심전
략이었다. 임 회장 스스로도 JIT 시스템이야말로 자신의 인생 최
고의 히트작이라고 말한다.

"회사 다닐 때 일본 출장갈 일이 자주 있었는데 오가면서 하나라도 더
배울 게 있지 않을까 싶어 모든 걸 눈 여겨 봤죠. 특히 강관 공급을 어떻게
하는지 봤는데 질도 좋고 값도 싼 물건을 제 때 공급하고 재고를 없애는
방식이 인상적이었어요. 저 시스템을 도입해 회사를 운영하면 성공할 수
있겠다는 생각을 하던 참이었죠."

회사가 순탄하게만 성장한 것은 아니었다. 초창기 자금난으
로 어려움을 겪을 때는 새벽마다 은행 지점장을 찾아가 무릎을
꿇고 애원한 일도 한두 번이 아니었다. 하지만 임 회장은 결국 매
출 수천억 원 규모의 회사로 성장시켰다. 말 그대로 온갖 역경을
딛고 결국 자수성가한 셈이지만 그렇게 사업이 번창하던 2004년
어느 날, 또 한 번의 위기가 임 회장을 찾아왔다. 거래처였던 일
본의 종합상사 이토추가 거래에 대한 감사의 뜻으로 건강검진을

▲ 공장동 전경

받을 수 있도록 배려해줬는데 일본의 한 병원에서 검진을 받다가 폐에서 종양을 발견한 것이었다. 조직검사 결과 폐암 진단이 나왔다. 베트남전 참전으로 인한 고엽제 후유증이었다. 암이라는 말을 듣는 순간 왈칵 눈물이 쏟아졌다.

"고생고생해서 이제 노후에 좀 먹고 살만해졌는데... 참 분하고 억울하다는 생각이 들어서 많이 울었죠. 그해 7월에 종양 제거 수술을 받고 10

111

▲ 강림파이프상사

월에는 세례를 받았어요. 신앙을 갖기 전에는 꿈자리도 사나웠는데 신앙
덕분에 많이 안정이 됐죠. 키가 178cm에 72kg 정도 나갔는데 55kg까
지 떨어져서 뼈밖에 안 남았어요. 밤마다 10kg만 찌게 해달라고 기도한
게 10년째인데 지금은 66kg 정도 됩니다. 많이 회복한 셈이죠. 다 유기
농 덕분입니다."

임수복 회장은 항암 치료를 받으라는 의사의 권유를 뿌리치
고 일본에서 종양 제거 수술만 받고 귀국했다. 이후 그는 고향인
경남 밀양에서 유기농 농장을 운영해 농약과 비료를 전혀 쓰지
않은 유기농 식단으로 건강을 회복했다.

유기농 전도사가 된 계기였다.

그는 항상 유기농이 자신을 살렸다고 말한다. 이를 계기로 신지식인 농업인으로 선정되기도 한 그는 최근에는 부산대학교와 함께 유기농 들깨에서 식물성 오메가 3를 추출하는 방법을 국내 처음으로 개발해 고향에 공장까지 세웠다. 폐암 수술 직후인 2004년 말, 학생 때부터 독실한 신자였던 아내를 따라 세례도 받았는데 그때 문득, 자신이 살아온 삶의 모든 것이 과분한 은혜처럼 느껴졌다. 돈보다 중요한 가치가 얼마나 많은지를 깨닫고 사재 70억 원을 출연해 장학재단과 문화재단을 세웠다.

■ 6차 산업이라는
새로운 가치 창조

임수복 회장은 남은 생을 축복이라 여기며 직원들의 복지와 사회공헌에 매우 적극적으로 임하고 있다. 그 자신이 가난한 환경에서 어렵게 자랐고, 또 암으로 인해 죽을 고비를 넘기기도 하면서 느낀 바가 많았기 때문이다.

실제로 직원들의 복지, 특히 건강에 대해서는 각별하게 챙기는 것으로 유명한데 강림CSP 임직원 자녀들의 학자금을 유치원에서 대학교까지 전액 지원하고 직원들은 매년 1회 종합검진을 받도록 하고 있다. 1차 진료병원은 부산에 있고, 2차 진료병원은 분당 서울대병원으로 아예 지정해둬서 직원과 가족들이 언제든지 바로 이용할 수 있다.

이와 별도로 매년 30~50만원의 건강지원비를 직원들에게 지급하고 있기도 하다. 하지만 뭐니 뭐니 해도 직원 복지의 절정은 매일매일 직원 식당에서 제공하는 유기농 식단이다. 재료들은 모두 임 회장이 운영하는 강림자연농원에서 직접 재배한 유기농 식품들이다.

임수복 회장은 아예 (주)강림오가닉이라는 회사를 따로 만들어 직접 유기농 작물을 키워서 회사 구내식당으로 공급하고 있는데 경남 밀양과 하동에 있는 유기농 농장에서 상추, 오이, 감자 등 채소들을 직송하고 유기농 콩으로 직접 만든 간장과 된장 및 유기농 배추로 만든 김치 등을 매일 직원들이 먹을 수 있도록 하고 있다. 이렇게 직송된 유기농 식사의 한 끼 비용을 따지면 1인당 1만원을 훌쩍 넘기지만 임 회장은 다른 건 몰라도 직원들 입에 들어가는 밥값은 아낄 생각이 없다. 질 좋은 음식을 먹고 건강해지는 게 삶에서 가장 중요한 일이고, 그렇게 건강한 사람이야말로 곧 기업 성장의 원동력이기도 하다는 철학이 확고하다.

물도 마찬가지다. 경북 언양 석남사 인근 해발 450m에 직접 만든 취수장에서 매주 맑은 물을 직송한다. 반대로 건강관리에 소극적인 직원들에게는 벌칙을 주기도 하는데 예를 들어 흡연자는 건강검진을 받을 수 없고 매년 지급되는 건강지원금 대상에서도 제외된다. 그러다보니 2011년 55명이었던 흡연자가 지금은 5명이 채 안 된다. 임 회장은 이들도 조만간 담배를 끊을 것으로 믿는다며 마치 자신의 건강이 좋아지는 것처럼 흐뭇해했다.

"무엇보다 직원들이 건강해야 합니다. 그래야 회사도 큽니다. 직원이 암에 걸린다고 생각해보세요. 새로 직원을 뽑아 훈련시켜야하는 비용과 시간도 문제지만 그보다 더 중요한 건 기업의 오너로서 얼마나 마음이 아프고 그 직원에게 미안하겠어요."

▲ 강림오가닉 농장

　　임수복 회장이 유기농을 강조하는 것은 단순히 건강 때문만
은 아니다. 기업가로서 그가 보기에 유기농은 부가가치를 극대화
해주는 새로운 가치 창조의 전략이기도 하다. 흔히 농수산업을 1
차 산업, 제조업을 2차 산업, 서비스업을 3차 산업으로 구분하기
도 하는데 최근에는 1차 산업의 결과물에 스토리텔링이나 전문
지식, 문화예술적 이미지 등을 결합한 6차 산업이라는 것이 뜨고
있다. 이렇게 되면 1차 산업 생산물의 가치가 수십 배로 증가한
다. 즉, 유기농은 환경과 국민 건강을 지키면서 동시에 농민의 소
득 증대에도 기여하는 유용한 전략이라는 것이다. 최근 전국적으
로 관심을 끈 부산의 삼진어묵 같은 회사도 6차 산업의 좋은 사례
이다. 싸고 비위생적이라는 어묵의 이미지를 문화적으로 가공하

여 젊은 이미지로 탈바꿈시키고 고부가가치를 획득하고 있다. 이런 측면에서 보면, 당연해보이던 것들의 질을 향상시키고 새로운 방식으로 가치를 올리는 것은 기업가가 아니면 쉽게 할 수 없는 일이기도 하다.

　여전히 우리 사회에서는 기업에 대한 편견이 심하고 또 실제로도 정경유착이나 담합을 하는 등 이익을 위해 수단과 방법을 가리지 않는 나쁜 기업들도 존재한다. 하지만 기업이 없다면 새로운 가치를 창조하고 나라의 경제를 발전시킬 수도 없는 게 현실이다. 그런 면에서 기본을 강조하면서도 그 속에서 새로운 가치를 찾고 발전시키려는 임 회장의 노력은 지금보다 더 인정받아야 하는 게 아닐까 싶은 생각이 들었다.

■ 10평만 있으면 가족 다섯 명이 유기농으로 먹을 수 있다

　하지만 임수복 회장이 보기에 우리 사회에는 아직도 유기농에 대한 오해가 너무 많다. 정부도 여기에 대해 소극적이고 무지하니 그저 아쉬울 뿐이다. 그가 더욱 유기농의 가치를 알리는 데 적극적인 이유이기도 하다. 특히 세계 어느 나라에서도 쓰지 않는 '친환경'이라는 말로 유기농의 가치를 희석시키고 것은 빨리 바꾸어야 할 폐단이다.

우리나라에서는 유기농, 저농약, 무농약 등을 모두 친환경이란 용어로 통칭하는데 흔히 사람들이 생각하는 것과 달리 이런 제품들에는 모두 농약과 화학비료가 들어간다. 일반적인 수준보다 농약이나 화학비료를 2분의 1이하로만 쓰면 저농약이라고 해서 친환경의 범위에 들어갈 수 있다. 마트에서 커다랗게 친환경이라고 붙어있는 제품들 중 상당수가 이런 제품이고 진정한 의미에서의 유기농이나 무농약 제품은 거의 없다고 봐야 한다. 특히 청과물은 심한 편이다. 오렌지 같은 경우에는 살충제를 너무 많이 써서 상온에서 보름을 넘게 놔둬도 썩지 않는다. 수입산은 냉장운송도 하지 않고 미국에서 태평양을 건너온다.

"정부와 기업, 그리고 욕심 많은 농부들의 야합이나 다름없어요. 국제기준의 네 배 이상으로 농약이나 화학비료를 쓰면서도 저농약이니 친환경이라고 해요. 엄청나게 많은 농약을 써서 재배한 야채를 우리 국민들이 유기농인 줄 알고 먹고 있는 셈이죠. 1년에 의료보험이 조 단위로 나가고 있는데 아프고 나서가 아니라 아프기 전에 예방해야 합니다. 유기농이 발달한 쿠바의 경우엔 병원이 30%나 줄었어요. 나만 해도 제대로 된 유기농 덕분에 식사량이 많이 줄고 암도 회복했는데 이런 내용이 많이 안 알려지니 아쉽죠."

한국의 유기농 기준은 이전까지 화학비료를 얼마나 썼든 상관없이 친환경 재배를 하겠다고 신고만 하면 그로부터 3년 뒤 친환경 마크를 붙여주는 식이다. 임 회장은 이를 수십 년 흡연하던 사람이 몇 달 끊었다고 몸에서 담배 진이 다 빠졌다고 보는 거나 다름없다고 설명했다. 땅의 힘이나 질도 각기 다른데 이런 방식으로 제도를 시행하는 건 우스운 일이라는 것이다. 진짜 유기농을 하려면 우선 건토 1그램에 미생물이 최소한 2억 마리 이상 있는 좋은 흙이 필요하다. 하지만 지금 우리 흙에 있는 미생물의 평균 수치는 4천만 마리 정도다. 이런 땅에서는 유기농을 할 수 없다. 퇴비를 넣어 미생물을 보충해주며 살려야 한다. 화학비료를 쓰기 시작한 게 100년 정도 되는데 수십만 년, 수백만 년 된 땅의 미생물을 다 죽이면서 땅을 망치고 있는 것이다.

이런 오해와 무지가 안타까워 임 회장은 한 신문사에 유기농캠페인을 전제로 쿠바에 다녀오는 비용 전부를 대겠다고 제안한 적도 있었다. 지금 유기농은 한국보다 중국에서 더 발달돼있다. 중국과의 FTA 등을 생각하면 산업적으로도 큰일이다. 조건으로만 보면 우리가 중국보다 여러 모로 낫지만 정치권이나 중요한 결정을 하는 사람들이 농업은 그저 옛날 산업 정도로만 취급하며 신경을 안 쓴다.

임수복 회장이 유기농과 관련해 또 하나 안타깝게 생각하는

▲ 직접 농사를 하는 임수복 회장

것은, 유기농은 경제력이 있는 사람들만 먹을 수 있다는 오해다. 하지만 암에 걸리면 어떤가. 그야말로 집안이 거덜 난다. 그에 비할 바가 아니라는 것이다. 영국 왕실은 모든 채소를 텃밭에서 길러 먹으니 암 같은 병에 걸리지 않기로 유명하다. 여든이 넘은 영국 여왕은 아직도 텃밭에 나가서 일하고 거기서 난 음식들로 식탁을 차려 식사한다. 술 이름으로 유명한 올드파(Old Parr)는 124살까지 살았던 최장수 노인의 이름인데, 그 역시 텃밭을 가꾸고 양 키우며 살았던 사람이다. 쿠바의 카스트로도 60대 초반에 암에 걸렸는데 유기농을 통해 완치했고 고령에도 건강하게 출장을 다녔다. 백악관의 버락 오바마 역시 얼마 전 텃밭을 만들었다.

하지만 평범한 우리가 먹는 음식들은 대부분, 특히 건강하려고 먹는 음식들조차 몸을 해치는 음식이 대부분이다. 한해에 수백만 톤씩 수입되는 GMO 음식은 원래 아프리카 사람들을 구제하기 위해 개발한 것들이었는데 우리가 먹고 있다.

더 큰 문제는 우리가 매일 음식을 먹으면서도 그 재료가 어디서 온 건지 알 길이 없다는 것이다. 임 회장은 옥상텃밭 가꾸기 같은 캠페인이나 운동도 의도는 좋지만 결국 실패할 운명이라고 본다. 유기농에 무지하기 때문이다. 대장암과 위암 1위인 한국인들이 먹는 음식의 재료에는 화학비료가 많이 쓰인다. 화학비료를 쓰면 크기가 3배 이상으로 커지니 일반 업자들로서는 안 쓸 도리가 없다.

"집에서는 양파를 여러 군데 놓아두면 좋아요. 내가 지금 목에 걸고 있는 게 일본에서 나온 에어마스크라는 겁니다. 바이러스 침입이 안 되죠. 사람이빨 보면 사슴 이빨이랑 똑같습니다. 채식 동물이란 소리 아니겠어요?

예전에는 가난한 집 아이들이 고기를 못 먹었는데 그래서 더 개천에서

용 나는 일이 많았다고 생각해요. 풀을 먹으면 집중력도 높고 안정감이 생기기 때문이죠. 하지만 요즘은 가난하다고 해서 고기 못 먹는 건 아니죠. 오히려 자극적이고 싸니까 더 먹습니다. 질이 안 좋은 고기를 많이 먹으면 멍청해지고 산만해져요. 참기름 같은 것은 같은 불포화지방이라고 하더라도 아주 몸에 안 좋은 것이죠. 암세포가 아주 좋아하는 것이라고 보면 됩니다. 콜레스테롤과 오메가 6는 인체에 백해무익이니 오메가 3를 먹어야 해요."

▲ 유기농업분야 대한민국 산업포장 수상(1999.11.11)

철강 사업이나 다른 주제의 이야기를 할 때와는 여실히 다르게 목소리가 커지고 설명하는 몸짓도 커지니, 우리는 임수복 회장이 유기농에 대해 가진 열정이 어느 정도인지를 쉽게 가늠할 수 있었다. 강의 듣는 기분으로 좀 더 알려달라고 하자 일상생활에서 유기농을 할 수 있는 방법을 자세하게 알려줬다.

제일 좋은 건 텃밭이다. 텃밭을 만들 때 제일 중요한 건 퇴비인데 좋은 퇴비를 쓰면 3배에서 6배까지 식물의 잔뿌리가 많아진다. 육안으로만 봐도 확 차이가 날 만큼 뿌리와 덩어리가 달라지는 것이다. '신토불이'라는 말도 바로 이렇게 흙과 몸이 다를 수 없다는 뜻이다. 좋은 퇴비로 흙을 살리면 그 흙의 양분을 먹고 식물이 자란다. 사람 몸도 흙처럼 미생물 덩어리다. 사람의 몸이 흙집이기도 하다. 하지만 땅 속의 양분을 안 먹고 공장에서 만든 것을 먹으니 몸이 다치는 것이라는 설명이었다. 흙 양분만 그대로 흡수할 수 있다면 그 이상의 영양은 필요가 없다는 게 임 회장의 지론이다. 또, 이렇게 좋은 흙이 있는 텃밭 10평만 있으면 한 가족 5명이 유기농으로 먹을 수 있다.

■ 기본으로 돌아가기, 부산도 본질에서 다시 시작해야 한다.

　　21세기라고는 하지만 우리는 여전히 기본이 취약하다는 게 임 회장의 생각이다. 가장 기본적인 먹거리부터 신경 써야 하지 만 현실적으로는 이미 중국보다도 한 발 늦었다는 것이다. 임 회 장은 자신이 한국에서 구하지 못한 유기농 들깨를 중국에서 구해 이를 가공해 다시 중국에 수출하고 있는 일을 예로 들었다. 올해 도 중국산 유기농 들깨를 수십 톤 계약했다.

　　음식은 생명산업이다. 관리를 잘하고 기본기를 다져놓으 면 다른 데서 쉽게 따라잡을 수 없는 경쟁력이 생긴다. 소비자들 도 앞으로 더욱 영리해지고 양보다는 질을 따지게 될 것이다. 지

금 우리나라에서 가공식품을 만들어 파는 사람 중에는 자기가 먹고 건강해질 만한 식품을 남에게도 내놓는 이들이 극소수다. 그렇기 때문에 더욱 창의적이고 도전적인 젊은이들이 많이 도전했으면 좋겠다고 생각하는 분야이기도 하다. 농업이라는 말에서 느껴지는 고정관념 때문에 우선 제쳐놓는 젊은이들을 보면 안타깝다. 산업연수생만 필요한 게 아니라 농업연수생도 필요한 시기인데 기성세대와 정치권에서도 그런 생각을 못하고 있다.

임수복 회장이 보기에 앞으로 크게 될 사업은 생명 분야다. 게다가 우리는 산이 많고 농토가 적어 대부분의 식량을 수입해 먹어야 하는 실정인데, 유기농을 하면 일반 농산물의 절반만으로도 충분하다. 유기농으로 유명한 쿠바는 지금 중남미에서 가장 건강한 나라다. 아흔이 다 된 노인들이 아직도 클럽에서 저녁마다 춤추고 연주한다. 유기농을 하면 환경이 좋아지고 농민들의 수익이 높아지고 국민들의 건강이 좋아진다. 적은 비용으로 가장 중요한 세 가지 목적을 이룰 수 있다는 것이다.

유기농에 대한 열정적인 설명에 더불어 임 회장은 부산도 늦지 않았다고 강조했다. 특히 청년들이 적극적으로 진출해서 선점하면 미래가 밝은 분야인데 역설적으로 가장 큰 장애가 정부와 시 당국이라 안타깝고도 했다. 유기농의 진정한 가치를 공무원들 스스로도 모르고 있으니 청년들이 매력을 느낄 리 만무하다는 것이다. 하지만 국민건강에 관한 문제이고 삶의 질에 관한 문제이다. 다들 유기농 먹어봐야 차이를 못 느끼겠다는 말만 되풀이하는데 안타깝지만 임 회장이 보기에 그것들은 모조리 유기농이 아니다. 누군가는 정확한 정보를 줘야 하고, 애정을 가지고 제도들을 만들어야 하는데 여러 모로 안타까운 일이다. 먹는 즐거움은 큰 기쁨이지만 건강하지 못한 먹거리는 오히려 독이 될 수도 있다는 것이 상식이다. 의학의 아버지 히포크라테스도 말하길, "음식으로 못 고치는 병은 약으로도 못 고친다. 음식이 곧 약이 되게 하라"고 했다. 임수복 회장이 요즘 들

▲ 수출탑수상

어 더욱 되새기고 있는 삶의 기본이다.

■ 급하지 않게, 화려하지 않게, 적당한 양을 규칙적으로

임수복 회장은 중학교 1학년 때, 토끼 먹일 풀이 없어 남의 보리밭에서 몰래 보리를 베어 토끼에게 먹이다 주인에게 들킨 일을 아직도 생생하게 기억한다. 두들겨 맞을까봐 겁이 났고 경찰서에 끌려갈 일이 막막했다. 하지만 의외로 보리밭 주인은 점잖게 타일렀다. 보리는 사람이 먹는 것이니 토끼 먹일 풀은 저쪽에서 찾아보라며 보내준 것이다. 기업인으로 살면서 임 회장은 그때의 경험과 보리밭 주인을 자주 떠올린다. 그때 그 주인이 자신을 범죄자 취급하며 때리거나 경찰서에 보내버렸다면 지금 자신은 어떤 모습을 하고 있을까, 상상해보는 것이다.

임 회장이 범죄예방부산지역협의회의 부회장이자 부산보호관찰분과위원회 위원장을 2005년부터 맡고 있는 이유도 그때 그 보리밭 주인을 자주 떠올리기 때문이다. 청소년들이 잠깐의 실수로 인생을 망치는 일이 없도록 애를 쓰고 있다. 어릴 때는 누구나 실수를 할 수 있지만 도와주는 사람이 없다면 그 실수가 치명적

일 수 있기에 사회의 어른들, 특히 자신처럼 사회의 덕으로 성공한 기업가들이 나서야 한다고 생각한다.

임 회장은 보호관찰대상 청소년들을 지원하기 위해 강림장학재단도 만들었다. 2005년 3억 원으로 시작한 재단의 기금은 20억 원이 넘게 늘었다. 아이들이 착실하게 마음을 잡고 학교에 다니며 감사하다는 인사를 해올 때마다 뿌듯함을 느낀다. 2011년 시작한 강림문화재단은 50억 원의 기금으로 운영되고 있고 고향인 밀양의 청소년들을 위해서도 사회공헌 활동을 계속해오고 있는데 밀양중학교에 장학금을 지원하기 시작한 것은 25년이 넘었다.

임수복 회장은 40여 년 기업가로서의 삶을 되돌아보며 물에 대해 자주 생각한다고 했다. 돈 버는 일도 마찬가지로 높은 데서 낮은 데로 흐르는 물처럼, 돈을 벌고자 하는 사람도 낮은데 있어야 물을 받을 수 있다는 것이었다. 겸손과 희생의 태도를 강조하는 말이었다. 급하지 않게, 화려하지 않게, 적당한 양을 규칙적으로 먹으면 몸이 건강해지듯이 삶의 자세도 그러해야 마땅하지 않겠느냐고 되물었다.

그는 많은 직원들을 CEO로 양성해 사회에 내보내기도 했는데 그들에게도 가장 먼저 강조하는 가치가 겸손이었다. 지역에서 비슷한 계통의 사업을 하는 사장들 절반가량이 그렇게 임 회장으

▲ 강림문화재단 음악회

로부터 배워서 회사를 차린 케이스다. 그들은 임수복 회장을 사관학교 교장이라고 부른다. 공장에 견학 오는 예비 기업가들에게도 마찬가지로 겸손을 강조한다.

"필연은 어느 날 우연의 옷을 입고 나타나니 늘 성실하고 정직하게 열심히 살아야 합니다. 잘난 척 하지 말고 겸손하게, 바보처럼 살아야 하죠."

▲ 임수복 장학금 수여식

　　임수복 회장은 우리가 만난 기업인 중 아마도 가장 어렵고
힘든 청년 시기를 보냈을 것이다. 가정형편이 어려워 고학했고
평범한 직장생활을 하다 창업을 해 성공했지만 도중에 건강을 잃
어 죽기 직전까지 갔다가 기적처럼 회생했는데, 이런 나름의 삶
의 경험이 지금의 그를 본업인 철강에 집중하면서도 한편으론 생
태적인 삶과 유기농이라는 화두를 중심으로 정력적인 활동을 하
게 만들었다.

　　임 회장이 지금 가장 바라는 것은, 많은 돈을 들이지 않고도
국민 모두가 음식을 통해 삶의 질을 높일 수 있게 되는 것이다. 그

▲ 임수복 회장의 군 복무 시절

가 유기농 전도사를 자처하며 우리의 고정관념을 깨기 위해 고군
분투하고 있는 이유다. 맨손으로 출발해 동양 최대의 강관 물류
창고를 가진 매출 3천억 원대의 중견기업을 키워낸 임수복 회장
에게 유기농과 생태는 낯선 분야였을 것이다. 하지만 그는 지금
두려움 없이 도전해 새로운 가치를 창조하며 제2의 인생을 살고
있다.

　　오랜 시간 기업을 경영해 온 기업가와 헤어지며 문득, 내일
아침엔 무엇을 먹을지 고민하게 될지는 몰랐다. 하지만 가만히

생각해보면 새로운 가치와 일상도 가장 기본적인 것을 다시 보게 될 때 비로소 시작되는 것인지 모른다. 급한 일, 화려한 일, 중요한 일에 둘러싸여 어느덧 잊고 있었던 삶의 근본에 대해 다시 생각해보게 된 시간이었다.

강림CSP는 1976년 10월, 강림파이프상사로 출발한 철강물류기업이다.

1982년에 (주)강림파이프로 바뀌었고 1985년부터 수출탑 부산시장상, 수출탑 대통령상 등을 수상했다. 1990년대 들어 본격 성장을 시작했는데 1990년에 김해1공장을 기공했고 1996년에는 김해2공장에 입주했다. 1998년 산업자원부 장관 표창과 천만 불 수출탑 대통령상을 수상했고 2000년에는 재정경제부 장관상을, 2004년에는 2천만 불 수출탑 대통령상을 받았다. 도약기를 거쳐 2012년 무역의 날 수출 2억불 탑을 수상했으며 한국의 대표적인 무계목 강관 산업을 선도하고 있는 기업이다. 조선, 해양플랜트, 석유화학, 발전 설비 등 다양한 분야에서 활동하며 국내 시장의 70%를 점유한 무계목 강관 공급업체다.

예술지구-P 와
기업의 행복

욱성화학 변준석 대표이사

　　금사공단은 부산의 대표적인 공장 지역이다. 도시고속도로 아래로 회색빛 공장 건물들이 쭉 늘어서 있다. 그렇게 삭막하기만 하던 이곳에 2014년 4월, 독특한 문화공간이 들어섰다. 지역 문화예술인들의 관심을 한 몸에 받으며 단박에 뜨거운 이슈가 된 이 공간의 이름은 '예술지구-P'. 부산국제영화제의 집행위원장을 거쳐 대통령 직속 문화융성위원회 위원장으로 취임했던 김동호 위원장이 발 빠르게 방문하는 등 전국적인 화제가 되기도 했다. 하지만 예술지구-P가 수많은 언론과 문화예술계로부터 주목받는 이유는 단순히 그 공간이나 장비의 수준 때문만은 아니다. 그보다는 지역에서 좀처럼 사례를 찾기 힘들었던, 기업이 주도해 만든 문화공간이라는 점에서 오히려 신선한 반향을 일으켰다. 부산에서 공공기관이나 지자체가 아닌 순수민간자본이 주도해 탄생시킨 규모 있는 문화공간의 사례를 찾기란 쉽지 않다. 고려제강이 수영의 폐공장을 시민들을 위한 문화공간으로 리모델링한 키스와이어센터 정도가 떠오른다.

　　이 공간을 총괄 기획하고 실현시킨 이는 육성화학의 변준석 대표이사다. 기업인이 회사의 수익창출과 무관하게 무려 20억 원이 넘는 사재를 털어 예술가들을 위한 공간을 만들기란 쉬운 일은 아니다. 예술지구-P의 입주작가들은 무상으로 작업공간과 전시실을 사용하며 오롯이 작업에만 집중할 수 있는 환경을 제공받고 인근 공장의 직원들과 주민들은 그 결과물을 편하게 일상적으

▲ 물류동

▲ 생산동

로 향유하게 되는데 이런 만남은 다시 예술가들에게 창의적 자극을 주는 선순환 관계로 이어진다. 어떻게 이런 일이 가능했을까. 욱성화학은 어떤 계기로 이런 구상을 하게 된 걸까. 종종 여기저기서 듣게 되는 예술지구-P에 관한 얘기로 궁금증이 커지던 차에 마침 욱성화학의 변준석 대표를 만날 기회가 생겨 금사공단으로 향했다.

■ 공장에서 예술을 상상하다, 예술지구-P 의 탄생

예술지구-P는 원래 욱성화학이 창고로 사용하던 건물이었다. 투박하고 건조했던 공간이 멋진 문화공간으로 탈바꿈한 것은, 대규모 공장지역에 비주류예술가들이 모이기 시작해 이제는 세계적인 예술지구로 이름을 얻게 된 베이징의 798지구를 떠올리게 한다. 중국 베이징 북동쪽에 위치한 따싼즈 지구, 일명 '798 예술지구'도 원래는 전통적인 공단 지역이었다. 하지만 1990년대 세계적인 경제위기 속에서 공장들이 차례로 문 닫기 시작하자 시내의 높은 임대료를 감당할 수 없었던 젊고 창의적인 예술가들이 비어있는 공장 지역으로 모여들기 시작했다. 이후 창의적인 에너지가 집중되는 동안 중국의 소호라 불리기 시작했고 20여 년

▲ 기술연구소

이 지난 지금은 세계적인 명소로 탈바꿈했다. 한때 수만 명의 노동자들로 붐볐던 회색의 공단지역이 형형색색의 개성을 뽐내며 세계 현대미술의 트렌드를 실시간으로 살펴볼 수 있는 대표적인 예술지구로 재탄생한 것이다. 이런 사례는 영국 템즈강변의 오래된 화력발전소를 개조해 만든 테이트모던 현대미술관이나 제2차 세계대전 당시 탄약을 생산하다 전쟁 후 제철소로 사용됐던 곳을 세계 최대 규모의 미디어아트센터로 탈바꿈시킨 독일 칼스루의 'ZKM' 등에서도 찾아볼 수 있다. 물론 예술지구-P는 규모나 영향력 측면에서 다른 점이 있긴 하지만 국내에서는 아직 이런 움

▲ 분쇄동

직임이 활발하지 않은데다 지역인 부산에서는 더욱 그렇다는 점에서 예술지구-P를 향한 관심은 앞으로도 지속될 것 같다.

    예술지구-P 1층의 카페에서 만난 변준석 대표는 예상보다 젊은 나이에 옷차림도 캐주얼해서 업계 최고의 기업을 이끌고 있는 경영인이라는 느낌은 들지 않았다. 오히려 인사를 하고 몇 마디 얘기를 나누며 받은 첫 인상은 이곳의 입주 작가 중 한 명이라고 하는 게 더 어울릴 만큼 자유분방했다. 생각해보니 우리는 의외로 변 대표에 대해 아는 바가 없었다. 평소 언론에 노출되는 것을 꺼려한 탓에 변변한 사전정보를 찾기가 어려웠고 개인적인 인

▲ 예술지구 P 전경

터뷰도 기본적으로는 하지 않는 걸 원칙으로 한다고 했다. 오히
려 짬이 나면 드럼 연습을 하거나 사진을 찍으며 시간을 보내는
데 주변 친구들 중에도 예술가가 많은 편이라 기본적으로 문화예
술에 관심이 많고, 기업에 관한 질문이라면 굳이 자신이 나서는
것보다는 실무진에서 훨씬 더 상세하고 정확하게 설명할 수 있기
때문이란다. 하지만 아무리 문화예술에 대한 애착이 남다르다 하
더라도 사재 수십 억 원을 선뜻 내놓기란 쉬운 일은 아니었을 것
이다.

　"기업을 경영하는 제가 예술가를 지원하고 문화공간을 만든 것이 어떻게 보면 뜬금없어 보일 지도 모르겠습니다. 또 아무래도 이 지역이 전통적으로 공장지역이었기 때문에 지역에 대한 편견도 작용했겠죠. 하지만 가만히 생각해보면 아예 다른 영역이라고 보기도 어려워요. 우리 회사가 만드는 주력제품이 안료입니다. 우리 주변의 사물에 색을 입히는 제품이죠. 이 분야에서 국내 업계 1위이니 지금도 주변에 보이는 물건이나 건물 중 상당수는 우리가 만든 제품으로 색을 입혔다고 봐도 좋아요. 자칫 무미건조해질 수 있는 세상에 저마다 어울리는 색을 입혀 더욱 다양하고 또

▲ 공연장

렷하게 그 존재를 드러낼 수 있도록 돕는 것이 우리가 하는 일이라고 볼 수 있습니다. 예술과 통하는 점이 많지 않나요? 또, 지난 40년 동안 우리 회사의 사훈이 이른바 '3C' 였어요. 창조(Creative), 도전(Challenge), 신뢰(Confidence)를 말하죠. 예술가들에게도 다를 바 없이 중요한 정신이라고 봅니다."

금사공단의 여러 공장건물들 사이에서 파격적이라는 느낌이 들만큼 한눈에 들어오는 예술지구-P는 서로 마주보고 있는 3

층짜리 건물 두 채로 구성돼있다. 왼쪽 건물 1층은 5백여 명을 수용할 수 있는 공연장이고 2층은 합주와 녹음이 가능한 스튜디오가 있으며 3층에는 전시실을 비롯해 여러 개의 연습실과 사무실이 위치해있다. 맞은편 건물 1층은 가끔 무용이나 퍼포먼스, 전시 등이 펼쳐지는 다목적 공간이고 2층은 예술가들이 상주하며 작업하는 레지던시 공간이며 3층에는 고가의 인화장비와 촬영장비 등을 갖춘 사진 스튜디오가 있다. 각각의 공간에 비치된 장비도 모두 최고 수준이다. 온갖 장르의 예술을 망라하며 다양한 예술가들이 서로 만나고 관계 맺을 수 있도록 배려한 점이 눈에 띈다. 공간 곳곳에서 지역 작가들의 아기자기한 조각이나 설치작품들을 일상적으로 만날 수 있는 것도 매력이다.

예술지구-P의 'P'는 부산을 의미한다. 공식 개관공연이었던 전인권 콘서트를 시작으로 미술, 사진, 음악 등 다양한 장르의 예술가들이 공연과 전시를 진행했고 상시적으로도 보기 드문 분위기와 장면을 연출하고 있다. 작가지망생이나 주민들을 위한 교육프로그램들을 운영하는가 하면 동네 노인정을 찾아 영정사진을 찍어주거나 공단 노동자들의 가족사진을 찍어주는 등 주민들과의 접점도 적극적으로 넓혀가고 있다. 개성 넘치는 옷차림의 예술가들이 주민들과 어울려 노래자랑을 하거나 저녁이면 삼삼오오 마당에 모여 고기를 굽고 소주를 마시며 예술과 사회에 대해 진지하게 논하는 풍경도 심심찮게 볼 수 있다. 변준석 대표도 종종 이런 자리에 섞여 젊은 예술가들과 스스럼없이 어울리곤 하는데 정작 작가들 중에서는 그가 이 공간을 만든 욱성화학의 대표라는 걸 모르는 이들이 더 많다. 변 대표는 젊은 작가들과 시시껄렁한 농담을 하거나 자신이 잘 모르는 분야에 대해 얘기 듣는 시간이 즐겁다고 했다. 숫자와 서류 속에 파묻혀 자칫 지치기 십상인 스스로에게 활력소가 되니 오히려 자신이 덕을 많이 본다는 것이다.

"지역이나 변방, 경계로 취급받는 곳에서 더욱 창의적이고 독창적인 상상력이 가능한 시대라고 생각합니다. 공장지역에서만 지내오던 사람들도 문화예술로 인해 자극을 받고, 예술가들 역시 낯설긴 하겠지만 그동안의 작업을 새롭게 바라볼 수 있는 계기가 되겠죠. 서로에게 좋은 일이라고 생각합니다. 윈윈이라는 말을 이럴 때 쓰는 것 아닐까요?"

■ 자율성과 상상력에 기반 한 리더십

변준석 대표가 문화예술 분야에 관심을 가지고 활동한 것은 예술지구-P가 처음은 아니다. 지금은 자리를 옮겼지만 지난 10여 년, 부산을 넘어 아시아에서 손꼽히는 대안미술공간으로 활발

히 활동했던 '오픈스페이스 배'가 둥지를 틀었던 기장의 임야도
변준석 대표가 제공한 땅이었다. 오픈스페이스 배의 서상호 대표
는 변 대표와 동갑내기 친구이기도 하다. 지금 예술지구-P에서
각 공간의 대표를 맡고 있는 이들도 모두 친구 사이다. 변 대표는
그들과 어울리며 기업 경영에서는 얻지 못할 신선한 자극과 감각
을 얻고 이런 환기를 통해 다시 보다 창의적으로 기업을 경영할
수 있는 아이디어와 활력을 얻는다.

기존의 기업과는 다른 방식으로 지역사회와 문화예술계를
위해 공헌하고 있는 셈이지만 정작 변 대표는 특별한 철학이나

▲ 포토 스튜디오

▲ 레지던스 공간

의미를 가지고 하는 활동이 아니기 때문에 주변의 관심이 오히려 부담스럽기도 하다. 많은 사람이 관심을 가지고 좋게 봐주는 것이야 마땅히 기뻐할 일이지만 과유불급이란 말처럼 지나친 칭찬이나 관심은 조심스럽다는 것이다.

"얘기하는 동안 이미 느끼셨을지 모르겠지만 저는 평소에도 어려운 말을 쓰거나 무게 잡고 얘기하는 걸 안 좋아합니다. 그런 말은 할 줄도 모르고요. 저에게 무슨 특별한 철학이 있는 것도 아닙니다. 그저 털털하게 지내는 게 마음이 편하죠. 믿을 수 있는 사람과 좋은 일을 할 수 있다면 그뿐입니다. 그런 면에서 신뢰가 아주 중요하긴 합니다. 그건 경영에서 뿐 아니라 개인적인 인간관계에서도 마찬가지죠. 실수할 수도 있고, 실패할 수도 있지만 믿음이 깨지면 되돌릴 수가 없으니까요. 믿음이 깨지면 그 다음이 있을 수 있나요? 임직원들과의 관계도, 거래처와의 관계도 마찬가지이고 여기 이 공간에서도 똑같습니다. 이곳에 오는 예술가들, 주민들과의 신뢰가 깨지면 아무리 많은 돈을 들이고 그럴싸하게 운영한다고 해도 가장 중요한 가치는 회복할 수 없을 거라고 봅니다. 마침 회사에 잘 사용하지 않는 자투리 공간이 있었고, 또 마침 예술 분야에 종사하는 지인들이 있어서 그저 사용할 수 있도록 열어놓은 것뿐입니다. 운영에 대해서는 일체 관여하지 않아요. 각 공간의 대표들이 훨씬 잘 할 수 있는 일이니 믿고 맡기는 거죠. 그 친구들이 지역사회와 잘 소통하고 젊은 예술가들과 여러 가지 기획을 하며 잘 공헌하고 있는 것 같아 고마워할 뿐입니다."

욱성화학은 1969년 부산 사상구 주례에서 욱성화학공업사로 처음 설립된 안료(顔料, Pigment) 제조전문기업이다. 이후 50년 가까운 시간이 흐르는 사이 현재의 금정구 회동동 자리로 본사를 이전했고 1985년에는 국내 최초로 형광 안료를 개발하는 등 업계를 선도하며 성장해왔다. 1993년에는 부산시가 제정한

제1회 산업평화상 기업 부문 대상을 수상했으며 이후 천만 불 수출의 탑, 이천만 불 수출의 탑, 삼천만 불 수출의 탑, 철탑산업훈장, 국세청장 표창 및 산업 포장, 기획재정부 장관 표창 등 수많은 상을 수상하며 승승장구해왔다. 창업주였던 부친이 일찍 작고한 뒤 한동안은 모친이 경영을 맡았다가 변준석 대표이사가 취임한 것은 2007년부터다. 경희대에서 경영학을 전공하고 일본 교토 동지사 대학원에서 법학을 공부한 변 대표는 1995년에 유학을 마치고 부산에 돌아와 회사 업무를 익히기 시작했다. IMF 시기에 우리나라 안료제조업체들이 대거 외국에 매각되었다가 철수한 적이 있는데 그러면서 현재 우리나라에서 모든 종류의 안료를 생산하는 종합안료제조회사는 욱성화학만 남았다. 안료 업계의 1, 2, 3, 5위의 업체가 예전부터 모두 부산에 있었고 4위 업체만 경기도에 있었는데 지금은 욱성화학이 업계 최고 기업으로 공인받고 있다. 변준석 대표 취임 이후 회사의 규모도 많이 커졌다. 지역에 자리 잡고 있지만 세계적인 업체로 성장한 욱성화학의 제품은 세계 각국으로 수출되고 있고 지금은 첨단기술 분야로 사업 영역도 확장 중이다. 2015년 기준으로 파낙스이텍, 욱성화학 등 모두 6개의 계열사가 있고 연매출 2천 억, 상시 종업원 수 400여 명 정도의 단단한 기업으로 자리 잡았다. 화학적 성질에 따라 유기안료, 무기안료, 향광안료 등의 제품을 생산하고 있고, 잉크용, 도료용, 플라스틱용 등 용도도 다양한데 쉽게 말해, 우리가 일상

▲ 드럼 강의실

생활에서 만나는 물건 중 색깔이 있는 것이라면 무엇에든 욱성화학이 만든 안료 제품이 들어있다고 봐도 과언이 아니다.

변 대표는 사업이 성장하고 또 쇠락하기도 하는 과정을 지켜보기도 하고 직접 경험하기도 하면서 많은 것을 배울 수 있었다고 했다. 삼성으로부터 전해액 사업을 인수해 사업영역을 확장하던 시기에는 안으로는 시스템을 구축하고 밖으로는 고객의 신뢰를 확보해야 하는 이중고에 시달리기도 했는데 그러던 중 2010년 후반부터 갑자기 사업이 성장하기 시작했고 2011년에는 순식간에 매출이 천억 원 가까이 늘기도 했다. 고객의 수요는 급증하는데 이를 감당할 만한 경쟁회사가 없었기 때문이었다. 하지만 그것도 잠시, 2014년에는 다시 매출이 반 토막 이하로 급락했다. 하지만 이런 경험들은 지금 상황의 호불호와 상관없이 언제나 더 철저히 준비하고 계획하는 경영자가 될 수 있도록 큰 공부가 됐다.

"중국 하이얼 그룹의 장루이민(張瑞敏) 총재가 한 말이 떠올랐죠. 폭풍이 불면 돼지도 하늘을 날 수 있지만 스스로 왜 날고 있는지는 모른다고 했는데 우리가 바로 그 돼지였던 것 같아요. 계속 날 수 있을 거라고 생각했죠."

변준석 대표의 리더십은 좀 독특한 면이 있다. 그는 스스로 2세 경영인이지만 지역의 2세, 3세 경영인들과는 자주 교류하지 않는 편이다. 외부 활동도 많지 않고 경영도 최대한 각 계열사의 대표들이 자율적으로 할 수 있도록 권장한다. 변 대표는, 자수성가한 창업주의 2세들이 모두 유복하게 자라 유학도 다녀오고 똑똑한데다 의욕도 있는데 창업주들은 여전히 미숙하다고만 판단하며 너무 기를 죽이고 있는 게 아닌지 안타깝다고 진단한다. 창문 하나 깨진 것까지 다 챙겨가면서 조금이라도 잘못이 있는지 매의 눈으로 지켜보는 창업주가 있는 한, 2세들도 점점 의욕이 없어지는 분위기가 되고 만다는 것이다. 꼬장꼬장하게 체크하고 아랫사람들은 입도 뻥긋 못하게 만드는 분위기에서는 조직 구성원들의 머리도 굳게 되고 2세들도 '에라, 모르겠다' 식의 분위기로 흘러가게 마련이다.

"제가 아는 기업들 중에 의외로 이런 사례들이 많아요. 그런 기업들은 공통적으로 금방 눈치 챌 수 있을 만큼 경직된 분위기가 팽배하죠. 그래서 저는 될 수 있는 한 전문가들에게 전적으로 맡기고 중요한 결정만 하

▲ 전시실

는 구조를 안착시키려고 노력했어요. 말하다보니까 좀 그럴싸하게 됐지만, 그래서 요점은 분초 단위로 움직이는 다른 경영인들에 비해 제가 시간이 아주 많다는 거죠. 하하하."

　　그래도 나름의 경영원칙 같은 것이 하나쯤은 있을 것 같다고 재차 물었을 때, 변 대표는 특별한 경영원칙이라고 할 수는 없지만 창업한 선대로부터 물려받은 회사기 때문에 회사가 어렵다고 직원을 함부로 내보내는 것만큼은 하지 않으려 한다고 답했다. 변 대표는 회사가 존재하는 가장 큰 이유로 직원들의 일자리를 지키는 것을 꼽았는데 실제로 금융위기가 닥쳐 회사가 큰 위기를 겪으면서 직원들의 급여조차 제대로 지급하지 못하던 시절에도 직원을 내보낼 생각은 하지 않았다. 직원들 역시 급여가 제대로 안 나오는 상황이었지만 그걸 이유로 회사를 떠난 사람은 한 사람도 없었단다. 변 대표가 신뢰를 중요하게 생각하고 반복해서 강조하는 까닭을 짐작할 수 있었다. 그는 지금도 당시의 어려운 상황을 떠올리며 자리를 지켜준 직원들에게 깊은 감사의 마음을 가지고 있다. 욱성화학처럼 안료를 만드는 일은 흔히 말하는 3D 업종에 속하기 때문에 환경개선, 복지개선, 공장자동화 등 직원들의 복지와 관련된 문제에 대해서도 평소 고민을 많이 하는 편이다.

　　변준석 대표는 새로운 사업에 도전하고, 여러 가지 한계상

▲ 전시실

황에 직면하고, 다시 이를 돌파하며 회사의 규모를 키워온 과정
에서 깨달은 것이 두 가지 있다고 했다.

　　우선 사람의 중요성이다. 그는 사업을 확장하는 동안 외부
에서 많은 사람들을 영입했다. 모든 경우 성공한 것은 아니지만,
그들이 회사의 변화와 성장에 큰 역할을 했다는 점을 변 대표는
잘 알게 됐다. 이들의 역할이 매우 중요하다는 점을 깨달은 뒤로
그는, 경영의 핵심은 좋은 사람을 중용하는 것이라는 생각을 갖
게 됐다. 새로운 사업은 그 자체로 위험부담이 크고 기존 사업도
때로 위기상황을 맞는 게 당연하다. 이런 상황에서 오랫동안 영

▲ 강의실

속하는 기업을 만들려면 끊임없이 변화하는 상황과 맥락을 파악하며 새로운 사업을 추구해야 한다. 하루하루 변화의 속도도 빨라지고 있는 세상에서 사업 역시 그 번성과 쇠락의 속도가 예전과는 다르다. 새로운 사업, 미래를 함께 살아갈 수 있는 사업을 찾지 않으면 기업의 생존 역시 담보할 수 없다는 것을 피부로 느끼고 그 핵심에 사람이 있다는 것을 깨달은 것이다.

또 하나는 사회공헌이다. 이전에는 왜 해야 하는지, 어떻게 해야 하는지 등에 대해 구체적으로 생각해 본 적이 없었단다. 기업의 사회공헌이라는 말을 교과서나 신문을 통해서는 자주 봤지만 당장 피부로 느낄만한 이유를 찾지 못했다. 당연히 실천하지도 않았다. 하지만 우연한 기회에 사회공헌활동에 참여하다가 기업이 얻는 혜택이 모두 사회로부터 오는 것이라는 점을 절실히 깨닫게 됐고 그때부터는 마땅히 사회적 책임을 다해야 한다는 데까지 생각이 미치게 됐다.

변 대표는 자신이 스스로 창업한 사람이 아니고, 선대에서 이룬 기업을 승계한 경영자라는 점을 잘 알고 있고 의식적으로도 자주 떠올린다. 어릴 때부터 회사의 경영을 자신이 맡게 될 것이라고 예상하며 성장했고 그런 이유로 그에게 회사경영은 당연한 것이면서도 다른 분야에 눈 돌리지 못하게 하는 족쇄이기도 했다. 그에게 경영은 어쩔 수 없이 가야만하고 이미 정해져있는 외길 같은 것이었기 때문에 원하는 활동이 무엇이든지 회사 경영을 통해 이루어야만 한다고 생각했다.

"회사를 통해 무엇을 이룰 것인가, 무엇을 이루어야 하는가에 대해서는 아직도 고민 중이고 늘 고민하는 편입니다. 미래를 담보할 수 있는 사업이 있다면 좋겠지만 기업에게는 늘 도전해야 할 일이 생기고 풀어야 할 숙제가 떨어져요. 지금 제가 가진 고민도 아마 영원히 끝나지 않고 앞으로도 계속 모습만 달리할 뿐 지속되겠죠. 답이란 게 존재하지 않고, 또 설령 있다고 해도 지금의 답이 내일은 답이 아닐 수도 있으니 어렵죠. 그런 게 경영의 어려운 점이지만 또 독특한 매력이라고 생각합니다."

■ 기업의 미래,
결국 함께 행복하자고 하는 일

욱성화학은, 모든 일은 사람에서부터 비롯되고 사람으로 인해 이루어진다는 경영철학 아래 지난 2009년부터 공격적으로 사업 영역을 확장하며 계속해서 성장하는 중이다. 특히 욱성화학으로부터 2009년 분할 설립된 파낙스이텍은 제일모직으로부터 전해액 관련 사업을 인수하며 불과 5년이라는 짧은 시간 사이 국내 생산 1위이자 세계 2위의 기업으로 성장했다. 이 회사의 논산 공장은 연간 1만 톤의 전지용 전해액 생산능력을 갖추고 있는데 이는 단일 공장으로는 세계 최대 규모다.

"주변 환경은 계속 빠르게 변하고 경쟁도 갈수록 치열해지고 있는 상황입니다. 그렇다고 완전히 새로운 어떤 것을 턱하니 내놓을 수도 없는 노릇이죠. 하늘 아래 새로운 것은 없다는 말처럼 좀처럼 활로가 보이지 않아요. 이럴 때 취할 수 있는 전략 중 하나가 '리뉴얼(Renewal)'이라고 생각했습니다. 우리 회사는 일단 안료제조기업으로서는 나름의 입지를 탄탄하게 확보해둔 상태였지만 갈수록 경쟁이 치열해지는 상황에서 만족하고 있을 수만은 없었어요. 기존 사업에 내실을 기하면서도 뭔가 변화가 필요하다고 생각했고 그러던 차에 전해액 사업이 본격화되면서 보다 전문적인 기업으로 리뉴얼하기 위해 독립시켰어요. 전해액은 현대사회의

필수품이라고 할 수 있는 휴대폰이나 전기자동차처럼 충전해서 사용하는 제품과 밀접한 연관을 가진 재료입니다. 충전용 배터리인 리튬 2차 전지의 핵심재료죠. 이 사업 뿐만 아니라 좀 더 장기적으로는 환경 관련 산업까지도 내다보고 있어요. 에너지 관련 녹색 산업 등 미래 산업에 대해 준비하면서 기존 시스템을 끊임없이 리뉴얼해가고 있는 중입니다."

그는 회사의 새로운 성장 동력을 확보하기 위해 전자재료사업에 진출하기로 결정한 것을 회사의 큰 변곡점이라고 생각하고 있다. 전자재료사업은 기존의 안료사업과는 많은 부분에서 달랐다. 기술도 빠르게 진화하고 시장상황도 유동성이 크다. 중소기업으로서는 이런 변화에 적절하게 대응하기 위한 연구 인력과 생산시설을 갖추고 지속적으로 투자해나가기가 쉽지 않은 일이다. 하지만 기업을 경영하는 사람으로서 새로운 시대변화에 조응하는 제품을 개발하고 분야를 확장해나가며 끊임없이 도전하는 것은 당연히 겪어야 할 숙명 같은 것이라고 생각하고 있다.

부산은 변준석 대표가 성장한 곳이고 지금 생활의 터전이기도 하며 앞으로도 오랫동안 그럴 것이다. 그는 자신의 개인적 삶과 욱성화학이라는 회사가 발전하는 것이 곧 부산의 발전과도 연결될 것이라 믿고 있다. 그것은 부산에서 기업을 하는 사람으로서 큰 보람이기도 할 것이다. 하지만 한편으로는 정도를 넘어 지역에 과잉 집착하는 것도 경계하고 있다. 현실적으로는 지역이라

▲ 합주실

는 화두를 계속 잡고 있기 어려운 상황이 자주 생기기 때문이다. 대부분의 정보와 교류가 수도권을 중심으로 일어나고 있는 현실 속에서 어떻게든 그 정보와 교류의 흐름 속으로 들어가려면 수시로 서울과 수도권에 다녀와야 한다. 지역에서 기업을 경영하는 입장에서 지역에 애정을 갖는 것이 당연한 것이기는 하지만, 애로사항이 많은 것도 사실이다. 좋은 인력을 구하는 것 역시 특히나 어려움이 많다. 컴퓨터프로그래머 한 명을 채용하는데 1년 반이 걸리기도 하고, 연구 인력을 채용하려면 공고를 내놓고 하염없이 기다리기가 다반사다. 결국 안양에 그룹통합연구센터를 지

어 2015년 초부터 가동을 시작했다. 이런 부분에서는 앞으로 정
책적 지원을 통해서라도 우수한 인력을 유치하는 것이 좀 더 용
이해졌으면 좋겠다는 바람을 갖고 있다.

　산업화시대에 부산은 제조와 무역의 중추였지만 지금은 제
조기반이 많이 약해졌다. 새로운 산업으로 금융, MICE, 관광, 유
통 등 소프트산업들이 많이 육성되고 있지만, 지역에서 살아가는
주민들 전체가 보다 안정되게 살아가기 위해서는 많은 인력을 고
용하고, 많은 협력업체와 연관성을 갖고 함께 성장하는 제조업이
반드시 필요하다. 시에서도 제조업체를 지원하는 정책을 많이 펼
쳐주기를 바라는 이유이기도 하다.

　그는, 꼭 부산이 아니더라도 어느 지역이건 골고루 균형을
이루어 발전하는 것이 국가적으로나 사회적으로 가장 좋은 일이
라고 생각한다. 그런 의미에서 지금의 회사가 부산에 있으니 이
곳에서 발전시키는 것은 당연하게 주어진 숙제라고 생각한다. 그
에게 딱히 롤 모델이랄 만한 기업은 없지만 이른바 '백년 기업'이
되보고 싶은 꿈은 있다. 오늘날처럼 위험요소와 불안요소가 곳곳
에 도사리고 있는 상황에서는, 기업이 계속 존재하는 것만으로도
의미가 있다고 생각한다. 그래서 자신의 세대에서 회사가 100년
기업이 될 수 있도록 기초를 닦을 수 있기를 바라고 있다. 또 백년
기업으로 만들기 위해서는, 한번 들어 온 직원은 제 발로 나가기
전에는 내보내지 않겠다는 원칙을 첫 번째 조건으로 삼고 있기도

하다. 직원과 경영진 사이의 거리를 좁히기 위해 특별히 많은 노력을 쏟고 있는 이유다.

부산시가 마침 2016년부터 5천억 원을 투입해 금사공단을 첨단산업단지로 재생하는 사업에 나섰다. 금사공단은 1960년대 형성된 이후 한국 산업화시기와 함께 빠르게 성장했지만 1990년 이후 다시 급속히 쇠락하고 있는 지역이기도 하다. 40여 년 전통을 가진 금사공단이 새롭게 도약할 수 있는 전기를 맞은 이 시점에서 욱성화학의 변준석 대표의 머릿속이 더욱 복잡하지 않을까 짐작해본다.

"결국 행복하게 살자고 일하는 것이 아닐까 생각합니다. 경영자도 임직원도 함께 행복한 회사를 만들 수 있었으면 하는 바람입니다. 기업이란 게 결국 함께 행복하자고 하는 일 같아요. 꼭 회사 안에서 뿐 아니라 지역주민들과도 마찬가지고, 더 넓게는 젊은 세대나 예술가들까지 포함해서요. 할 수 있는 데까지 해보는 거죠. 너무 무겁고 진지하게만 생각하지 않으면서요."

욱성화학은 부산광역시 금정구 회동동에 있는 안료 제조업체다. 1969년 12월, 부산 사상구 주례동 149-4번지에서 욱성화학공업사로 설립되었다. 1976년 5월, 사업장을 지금의 금정구 회동동 155-8번지로 이전하였으며, 1983년 8월에 유망 중소기업으로 선정되었다. 1985년, 국내 최초로 형광 안료를 개발한 이후 1993년 '부산직할시 제정 제1회 산업 평화상 기업 부문 대상'을 받았으며, 1994년에는 '무역의 날 1000만 불 수출의 탑'을 수상하였다. 1999년 철탑 산업 훈장을 받았으며, 2001년 '무역의 날 2,000만 불 수출의 탑', 2005년에 제39회 납세자의 날 국세청장 표창, 2006년에는 제40회 납세자의 날 산업포장을 받았고, 같은 해 부산광역시 우수기업, 부산광역시 향토기업으로 선정되며 꾸준히 성장해 왔다. 욱성화학이 생산하는 안료와 기능성 색소 및 전자 재료 소재는 세계 각국에 공급되어 정밀 화학업체 제품과 품질 경쟁을 하고 있다.

3
지역밀착형 국제화

"맑은 술을 마실 때면 바다의 신을 떠올리고 그 신을 위해 술을 조금 따라놓는 나름의 의식을 행합니다. 병을 따면 첫 술을 뚜껑에 조금 따라서 한 쪽에 놔둔 다음에야 잔을 채우기 시작하는 거죠. 우리 팬스타 직원들은 모두 이렇게 합니다. 특별히 격식이 있는 것은 아니지만 일상적으로 바다에 대한 경건한 마음을 잊지 않기 위해서입니다. 함께 일하는 사람, 우리 일에 연관된 사람들이 모두 보람이나 의미를 느낀다는 생각이 들 때, 진정으로 좋은 사업을 하고 있다는 생각도 듭니다. 이(利)보다는 의(義)를 생각하며 경영에 임하겠다는 각오가 오래오래 변하지 않았으면 좋겠어요."

– 팬스타 김현겸 회장

"무작정 긍정적인 생각을 가지라는 얘기는 자칫 무책임하게 들릴 수도 있을 겁니다. 하지만 해결될 기미가 안 보인다고 해서 내버려두면 될 가능성이 0%이지만, 뭐라도 해본다면 가능성은 1%부터 조금씩 올라가기 시작하는 거죠. 주어진 조건에서 실마리가 보이면 우선 그것에 집중하는 게 중요합니다. 저는 남들보다 어려운 환경에서 자랐다고는 해도 별로 부정적인 생각은 해본 기억이 없어요. 초등학생 때 응원단장을 맡은 적이 있는데 그 때 치던 빅토리 박수나 337박수 같은 것을 지금도 아침마다 칩니다. 된다, 잘된다, 더 잘된다, 라고 구호를 외치면서 짝짝짝 박수를 치죠."

– 은산해운항공 양재생 회장

바다에 義가 있다

팬스타 김현겸 회장

부산 하면 바다다.

다른 지역 사람들은 부산 사람이라면 모두들 수영 하나는 끝내주게 할 줄 알고 회를 봐도 무슨 생선인지 척척 알아볼 수 있을 거라고 생각한다. 실제로 부산사람들이 모두 그럴 리는 없는데 말이다. 부산을 찾는 관광객들도 부산이라고 하면 우선 바다를 떠올린다. 바다는 산업적 관점에서도 향후 발전전망이 큰 분야로 주목받고 있다. 미래학자 앨빈 토플러는 일찍이 제3의 물결을 주도할 네 가지 핵심 산업으로 우주, 정보, 생명과 함께 해양을 꼽은 바 있다. 뿐만 아니라 많은 전문가들이 20세기 산업사회가 대륙 중심 패러다임이 지배했던 시대였다면, 21세기는 해양 중심 패러다임이 지배하는 시대가 될 것이라 예상한다. 특히 이런 흐름은 동북아 해양중심도시를 표방하고 있는 부산에게 위기이자 기회다.

'지중해는 과거의 바다이며 대서양은 오늘의 바다, 태평양은 내일의 바다'라는 말처럼 중국의 급부상과 더불어 환태평양 문명권의 중요성이 급증하는 현실 속에서 동북아 해양중심도시로서의 부산은 어떤 비전과 전략을 마련해야 할까. 부산이 진정한 의미에서의 해양문화도시로 나아가기 위해서는 어떤 전략과 통찰이 필요할까.

샐러리맨으로 출발해 20여 년 만에 연매출 1천 5백억 원 규모의 한국 최초 국적 선사인 팬스타그룹을 일구며 소년 시절부터

▲ 팬스타 부산사옥

바다를 가슴에 품고 경영활동을 해온 김현겸 회장을 만나보기로
한 이유다.

■ 선장 꿈꾸던 소년의
바다 인생

중앙동의 한 식당에서 김현겸 회장과 일행을 만났다. 김 회장은 목소리도 크고 달변이어서 한 눈에 패기가 넘치는 스타일의 경영인이라는 인상을 주었다. 그는 소주를 따르기 위해 병을 따면서 '바다의 신을 위하여'라 불리는 작은 의례를 소개했다.

"맑은 술을 마실 때면 바다의 신을 떠올리고 그 신을 위해 술을 조금 따라놓는 나름의 의식을 행합니다. 병을 따면 첫 술을 뚜껑에 조금 따라서 한 쪽에 놔둔 다음에야 잔을 채우기 시작하는 거죠. 우리 팬스타 직원들은 모두 이렇게 합니다. 특별히 격식이 있는 것은 아니지만 일상적으로 바다에 대한 경건한 마음을 잊지 않기 위해서입니다."

팬스타그룹은 육상직원 200명과 해상직원 120명이 상시 근무하며 해상물류와 여객을 중심으로 선박대여, 보험관리, 광고대행에 건물관리와 식자재공급까지 다양한 업종의 계열사를 거느리고 있다. 하지만 이만큼 기업을 성장시키기까지, 당연한 말이지만 우여곡절도 많았다.

김현겸 회장은 1961년에 부산 중앙동에서 태어났다. 철도 공무원이었던 아버지는 거제에 어장까지 가지고 있을 만큼 부자

철학이 있는 도시, 영혼이 있는 기업-국제시장에서 해운대까지

▲ 팬스타 신항 국제물류센타

였다. 덕분에 유복한 어린 시절을 보냈지만 중학교에 진학할 무렵, 급격히 가세가 기울기 시작했다. 11살 되던 해에는 엄마가 형들을 데리고 서울로 떠나면서 혼자 친척집에 맡겨졌고 중학교에도 진학할 수 없어 교회에서 운영하던 비정규 중학교 과정인 공민학교에 입학했는데 열심히 공부하는 모습을 기특하게 본 선생님들이 등록금을 마련해 준 덕분에 그나마 한 해 늦게 동아중학교 야간반에 진학할 수 있었다. 낮에는 중앙동 검역소에서 일하고 밤에는 학교에 가서 공부하는 동안 가난이 사람을 얼마나 철들게 하는지 실감할 수 있었다고 한다. 지금의 팬스타 사옥이 그런 어린 시절을 보냈던 중앙동에 있으니 감회가 남다를 것 같았다.

김 회장이 처음으로 바다를 마음에 품게 된 것도 이 무렵이었다. 학교 아래로 늘 부산항이 보였는데 그 바다는 김 회장에게 가난에서 벗어날 수 있는 유일한 도피처로 보였다. 그래서 생각한 것이 해양대 진학이었다. 하지만 이마저도 생각지도 못했던 이유로 실패하고 말았다. 성적에는 전혀 문제가 없었지만 시력제한에 걸렸던 것이다. 당시 해양대는 시력이 0.8이 안되면 입학할 수 없었다. 학비나 생활비 부담도 없고 졸업하면 배를 타고 세계를 누비며 안정된 수입도 얻을 수 있으리라 기대했는데 절망적이었다. 결국 그는 당시 중동 붐과 맞물려 호황이었던 토목 분야로 눈을 돌렸고 81학번으로 성균관대 토목공학과에 진학했다.

하지만 얼마 지나지 않아 철근을 빼먹거나 흙이나 자재의 무게를 속이지 않으면 돈을 벌기 어려웠던 당시 토목사업의 관행과 기형적인 구조에 염증을 느끼게 됐고 특히 잊을 만하면 떠오르는 바다에 대한 미련 때문에 결국 무역 쪽으로 진로를 바꿨다. 대학 시절은, 야간 과정 무역학과로 부전공을 택해 향후 진로에 대해 준비하기도 했지만 유자 장사를 하거나 데모를 하다 군대에 끌려가기도 하는 등 다양한 경험을 통해 많은 것을 배운 시기이기도 했다.

"친형이 유자 장사를 시켰어요. 아마도 평소 어른들이나 선생님들 말을 잘 안 듣고 머리 숙일 줄 모르던 저에게 세상 이치를 좀 알려주고 싶었던 것 같아요. 제가 봐도 저에게는 좀 그런 점이 있긴 했습니다.

초등학교 4학년 때부터 고등학교 졸업할 때까지 한 번도 반장을 놓친 적이 없는데 한번은 선생님이 다른 학생을 반장 시키려고 하길래 선거로 뽑아야 한다고 우겨서 결국 제가 한 적도 있죠. 그러니 형이 볼 때는 걱정도 됐을 겁니다.

성격이 너무 강하니 자기도 감당이 안 되는데 다른 사람들과 원만하게 지낼 수 있을까 싶어 늦기 전에 사람 만들어야겠다는 생각을 했던 것 같아요. 누나가 키우던 유자를 가져다 명동에 있던 찻집들에 팔기 시작했는데 그러면서 세상을 많이 배웠죠. 그때 유자 구입의 결정권은 다방 사장들이 아니라 주방장에게 있었어요. 대부분 초등학교도 제대로 못 나온 분들이었지만 실제로는 그분들에게 고개를 숙이지 않으면 팔 도리가 없었죠.

대리점에서 안 팔아주니 직접 루트세일, 즉 방문판매를 시작했는데 유자를 짊어지고 명동에 가서 다방 주방장들 모임에 참석해 소주도 따라줘가며 친분을 쌓는 식이었죠. 영업 로비가 뭔지도 알게 되고, 돈도 알게 됐지만 어린 나이여서 그랬는지 수금하면 누나에게 결제해 줄 유자 대금도 남기지 않고 몽땅 술 마셔버리고 흥청망청 썼으니 수중에는 늘 한 푼도 없었어요. 없는 게 뭡니까, 오히려 빚만 늘었죠. 돈이란 게 버는 것도 중요하지만 관리하는 게 더 중요하다는 걸 경험으로 알게 된 셈이죠."

대학 졸업 무렵에는 정치인 이기택 측으로부터 보좌관 제안도 있었다. 고교 때 학도호국단 간부를 지내고 대학 시절에도 데모에 앞장서다보니 눈에 띄었던 모양이었다. 당시 직장인의 평균 월급이 40만 원 정도였는데 무려 100만 원을 준다고 하니 솔깃했다. 하지만 고민 끝에 포기했다. 특히 당시 여자 친구의 아버지이자 지금의 장인어른이 정치하는 사람에게는 때려죽여도 딸을 못 준다며 단호하게 말렸던 것이 큰 이유로 작용했다.

김 회장은 당시부터 서울대 화공과 출신으로 유학까지 다녀온 과학자였던 장인어른을 존경했는데 대학 시절 캠퍼스커플로 만난 지금의 아내와 결혼을 결심하게 된 데도 그 영향이 컸다고 한다.

1988년, 졸업과 동시에 처음 입사한 회사는 일본선사 YS라인의 한국대리점이었다. 바다와 관련된 일을 하고 싶었던 그가 당시 큰 무역회사에 다니고 있던 큰형을 졸라 얻은 일자리였다. 하지만 일본회사라는 게 내내 마음에 걸렸다. 반일감정이 강한 시절이었고 대학 시절 데모도 많이 했던 자신이 일본인 회사에서 일하게 됐다는 것이 참기 힘들었다. 결국 1주일 만에 그만두고 형의 친구가 운영하고 있던 작은 해상물류회사에 입사했다. 한국에서 만든 제품을 일본으로 운반해주고 수수료를 받는 것을 주 업무로 하던 업체였는데 적성에 맞았다. 얼마 지나지 않아 영업실적 1위를 차지했고 이후로 계속 승승장구했지만 회사가 너무 작아 비전이 보이지 않았다. 특히 해상물류회사임에도 배를 가지고 있지 않다는 점이 마음에 걸렸다. 직접 배를 가진 선주가 되어 바다를 누비고 싶다는 꿈을 가지고 2년 만에 다시 회사를 그만두었다. 그리고 1990년 7월, 28살의 나이로 화물운송중개업체인 팬스타 엔터프라이즈를 창업했다.

재미난 사실은 그가 사업자등록증을 받기 위해 세무서에 있던 시간, 병원에서는 첫 아들이 태어나고 있었다는 것이다. 아들이 태어난 날이 회사를 창업한 날이기도 한 묘한 우연은 그에게 더욱 힘을 주었다. 신혼집을 담보로 차린 첫 회사의 이름 팬스타 엔터프라이즈에는, 세계를 넘고 별을 아우르겠다는 포부가 담겨 있다고 한다.

막 창업한 새내기 회사의 대표로서 일감이 너무 절실해 처음에는 무턱대고 거래처가 될 만한 회사의 사장을 찾아가 일주일 동안 인사하기도 하고, 온갖 잡무를 대신해주기도 하며 회사를 알렸다. 얼마 지나지 않아 조금씩 물량이 들어오면서 사업도 안정기에 접어들기 시작했다.

"하지만 사업이 정착되고 안정되기 시작할수록 어릴 적부터 막연하게 꿈꿔왔던 선주의 꿈도 더욱 커졌어요. 직접 배를 소유한다는 것은 바다와 관련된 일을 하는 사람에게는 특별한 의미가 있습니다. 하지만 선주가 되는 길은 쉽지 않았죠."

■ 26년 팬스타의 항해와 성과

김현겸 회장이 회사를 시작한 것이 1990년이니 어느덧 26년이 지났다.

그가 처음 회사를 만들 무렵에는 법인을 만드는 것 자체가 너무 어려웠다고 한다. 15년 이상의 해운사 경력이 있어야 하는 등 대표이사의 자격이 까다로웠고 해운업에 진입할 수 있는 장벽 자체가 너무 높아서 고생이 많았다. 특히 자기 배를 가진 선주가 된다는 것은 생각보다 난점이 많았다. 우선 새로운 사업자의 진입을 허용하지 않는 견고한 컨소시엄이 존재하고 있었다. 쉽게 말해 기존 선사들의 텃세였다. 기존 회사를 인수하려고 해도 끼리끼리의 문화가 강해 돈을 더 준다고 해도 살 수가 없었다. 결국 화물선을 포기하고 카페리로 목표를 바꿔 2002년에야 그토록 바라던 첫 배를 가지게 되었다. 4년 된 일본의 카페리 매물을 당시 화물선 가격의 10배가 넘는 350억 원에 매입해 팬스타 드림호

▲ 팬스타 써니호 취항식

라는 이름을 붙였다. 승객 681명, 20피트짜리 컨테이너 220대를 실을 수 있는 21,688톤급 배였다. 주변에서는 모두들 미친 짓이라며 고개를 저었고 부산항에는 팬스타가 6개월을 못 버티고 망할 것이라는 얘기가 파다했다.

미래가 없다며 떠나는 직원들이 나올 정도로 무모해 보이는 결정이었지만 그에게는 배를 가진 선주가 되겠다는 어린 시절부터의 꿈과 자존심이 걸린 문제였다. 이 배는 우리나라 최초의 국적 카페리선이라는 명예를 안았지만 실제로 현실은 만만치 않았다.

▲ 국내 최초의 국적 카페리선

"배가 한 번 뜰 때마다 7천만 원씩 손해가 났고 첫해 적자가 100억 원에 달했지만 손해가 난다고 쉬는 순간 거래처와의 신뢰가 깨지기 때문에 결항할 수가 없었어요. 무조건 버텼죠. 왕복 150차례의 운항을 하는 동안 단 한 번도 결항하지 않았습니다. 그러니까 조금씩 화물이 모이기 시작하더군요. 결국에는 LG전자를 비롯해 국내 대기업 뿐 아니라 일본 기업들의 화물도 모이기 시작했습니다."

결국 팬스타 드림호는 운항 3년 만에 흑자로 전환하는데 성

▲ 팬스타드림 취항식

공했다. 2007년에는 배 한 척을 추가로 투입할 만큼 사업은 빠르게 성장했고 팬스타그룹도 전성기를 맞았다. 하지만 2008년 9월에는 큰 위기를 겪기도 했다. 모든 것이 한 순간에 끝났다고 생각할 만큼 갑작스럽게 주변 상황이 한꺼번에 악화됐다. 미국에서 시작된 리먼 브러더스 사태의 여파가 팬스타에도 들이닥친 것이었다. 당시 세 척의 배를 운항하며 6백 여 명의 임직원이 근무하던 큰 회사가 한 방에 맥을 못 추고 넘어갈 판이었다. 매월 20억 원의 적자가 쌓이기 시작했고 연료비와 리스비는 천정부지로 치

▲ 팬스타드림

솟는데 경기가 나쁘니 손님은 줄어드는 답답한 상황에다 엎친 데 덮친 격으로 팬스타 드림호까지 고장이 났다. 그룹 전체가 빚더미에 파묻혀 사라질 위기였고 도저히 활로가 보이지 않았다.

하지만 그 어려운 시기에 채권사였던 일본의 파트너회사 리베라그룹이 '다른 채권을 모두 갚을 때까지 기다려주겠다'는 거짓말처럼 통 큰 결정을 내려주면서 구사일생으로 재기의 발판을 마련할 수 있었다. 기적 같은 일이었지만 그동안 쌓은 신뢰가 제대로 빛을 발한 순간이기도 했다. 이후 집을 월세로 바꾸고 모든 재산을 담보로 내놓은 다음 두 척의 배 중 하나였던 팬스타 써니호를 매각하고 팬스타드림호 한 척에만 집중하며 기사회생했다.

▲ 스타드림호 선상불꽃놀이

이후에도 후쿠시마 대지진을 비롯한 악재들이 몇 번 터졌지만 2008년의 위기에 비할 바가 아니었다. 김 회장은 이런 경험들을 바탕으로 이제 크루즈 사업에 심혈을 기울이고 있다.

"어쩌다보니 해운업을 하게 됐는데, 하다 보니 이 업계에도 계급 같은 게 있다는 걸 알게 됐어요.

▲ 팬스타 부산연안원나잇크루즈

동력 없이 모래를 옮기는 바지선부터 제 힘으로 가는 동력선, 그 다음에
는 컨테이너, 또 그 위로는 정기선이 있죠. 그리고 정기선까지 거치고 나
면 마지막에 여객정기선이 있죠. 봉급도 여객선장이 가장 높습니다. 사람
을 실어 나르는 일이 가장 까다롭기 때문이에요. 농담 삼아 제일 더러운
짐이라고도 하지만 반대로 생각하면 돈이 가장 안 드는 짐이기도 하죠.
화물은 하역비 같은 비용이 발생하는데 사람이야 제 발로 타고 내리고 따
로 관리할 필요도 없죠. 화물이 가진 장점은 성질을 안 낸다는 정도랄까
요.

　그런데 이 여객정기선으로 끝나는 게 아니라 진짜 마지막은 크루즈라
는 겁니다. 크루즈는 꿈입니다. 어딘가로 가기 위한 수단으로서의 배가

아니라 그 자체가 목적지가 되는 크루즈는 배를 아는 사람들에게는 꿈이
고 로망입니다. 최고의 여행지이자 가장 만들기 어려운 배이기도 하죠.
조 단위의 비용이 들어가니까요."

김 회장이 26년의 팬스타그룹 경영활동을 하며 가장 자부심
을 느끼는 것 중 하나가 '팬스타 코리아 랜드 브리지(PKLB)'다.
물류비를 대폭 줄이기 위해 개발한 해상과 육로를 연결하는 새로
운 개척로를 말한다.

중국 산둥에서 일본 오사카로 가려면 한반도 남쪽을 에둘

▲ 스타링크원

러가야 하는데 중간에 군산에서 부산까지를 육로로 이동시키면
일자리도 창출되고 이동도 빨라진다는 역발상이었다. 이미 한국
과 일본 오사카는 페리로 연결하고 도쿄까지는 다시 일본 국철
을 이용해 48시간 이내에 연결한다는 '팬스타 울트라 익스프레스
(PUE)'를 선보인 바 있는 김 회장이 2010년 1월부터 시작한 중국
과 일본을 잇는 '한반도 징검다리 서비스'를 일컫는 용어로 물류
관련 교과서에도 소개됐을 만큼 업계에서는 고유명사처럼 유명
해졌다.

■ 변화와 혁신
: 바다에서 길을 찾다

팬스타그룹의 안내문에는 '먼저 생각하고, 먼저 움직인다'
는 문장이 있다. 실제로도 팬스타 그룹에는 유난히 '국내 최초'가
많다.

우선 28살의 나이에 창업한 것 자체가 업계 최연소 기록이
다. 해운업은 젊은 사람이 창업하는 게 거의 불가능한 분야로 알
려져 있는데 김현겸 회장 이전에도 없었지만 이후로도 나오지 않
고 있다. 또한 팬스타드림호는 한국 국적선 1호이며 크루즈 전용
선도 면허 1호다. 통상 선주들은 세금을 덜 내고 선원도 돈이 덜

▲ 산스타드림호

드는 외국인을 쓰기 위해 선박을 제3국에 등록하는 게 관행이었
지만 김 회장은 이를 무시하고 배를 우리나라에 등록해서 대한민
국 선적 1호의 선주가 됐다. 부산과 오사카 항로를 개설한 것도
최초다.

지금도 연구개발을 통해 새로운 개척로를 찾고 있다. 한국
업체로는 처음으로 현지법인인 산스타 라인을 통해 일본 면허를

따기도 했다. 통관과 철도 운송을 직접 할 수 있게 되니 운송시간은 절반으로 줄고 가격도 낮아졌다.

"일본은 상선을 못 띄웁니다. 명문화된 건 아니지만 과거 우리를 배로 침략한 역사도 있고 여러 가지 이유로 일본 배가 한국에 못 들어오는 분위기가 형성돼있죠. 그래서 일본선사도 안 들어와 있어요. 중국에도 수십 개의 항로가 있지만 다 합자회사입니다. 한일 양쪽을 모두 장악한 곳은 우리 회사밖에 없어요. 대리점을 안 해주니 우리가 직접 일본 법인을 만든 겁니다. 그 일본 법인이 최초의 100% 한국회사가 된 셈이고요. 일본은 상거래를 한 번 하면 아주 오래 가는 편이라 안정되게 잘 되고 있습니다."

하지만 먼저 생각하고 먼저 움직인다는 것이 말처럼 쉬울 리는 없다. 높은 진입장벽을 넘어야하고 직접 경험해가면서 사례를 남기고 문제들을 해결해야 한다. 하지만 바로 이 점이 다른 분야와 기업경영이 근본적으로 차별화되는 지점이기도 하다.

"기업인으로서 새로운 분야에 먼저 도전하고 움직이는 것은 선택사항이 아니라 오히려 의무에 가깝다고 봅니다. 우리가 준비하고 있는 정통 크루즈 사업도 지금은 시작 단계에 불과하지만 이렇게 고생해서 닦아놓으면 다음 세대에게는 길이 될 겁니다.

적은 돈이 오가면 그냥 장사지만 큰돈이 오간다면 나름의 꿈이나 철학, 이론이나 경영전략 같은 것이 요구될 수밖에 없죠."

　　김 회장이 식자재, 세탁 등을 취급하는 요리연구소와 식자재공급회사, 전문세탁회사 등 언뜻 보기에는 바다와 상관없어 보이는 분야에 진출하고 있는 까닭도 이와 무관하지 않다. 단순한 문어발식 확장이 아니라 크루즈에 공급할 식자재와 관리, 세탁까지 하나하나를 치밀하게 고려해가면서 본격크루즈사업을 준비하기 위한 전략의 일환이라는 것이다.

　　예를 들어 크루즈에서는 매끼 약 2천명 분의 식사가 제공되어야 하는데 식자재에 신경을 덜 쓰게 되면 곧바로 여행 전체의 만족도를 크게 떨어뜨릴 수 있다. 제대로 관리하려면 직접 운영하는 것이 좋은데 대부분의 항공사들이 식자재공급회사를 자회사로 두고 직접 관리하는 이유도 여기에 있다.

　　김 회장의 부인은 직접 레시피를 개발하고 강의하기도 하는 전문가라 요리연구소를 운영하고 있기도 하다. 이처럼 종합적으로 고려하고 하나씩 차근차근 준비하는 전략은 새로운 도전을 할 때 반드시 선행되어야 할 작업이다.

"물류와 무역을 함께 할 수 있는 허브도 만들어보고 싶어요. 돈을 많이 들여서 창업하던 시절은 지났다고 봅니다. 물류 분야에서는 혁신의 가능

▲ 화물하역

성이 많지 않아요. 해당 산업의 핵심이 무엇인가를 파악하는 게 중요한데, 물류는 한 마디로 여기서 저기로 가는 것이라고 할 수 있죠. 거기다 싸고 빠르게 가면 더 좋은 것이고요. 하지만 사실 거래처에서 가장 원하는 것은 정확한 시간에 가는 겁니다. 더 빨리도 아니고 더 늦게도 아니고, 딱 필요할 때 정시에 도착하는 게 가장 좋다는 거죠. 예를 들어 시애틀은 비행기로 하루 걸리지만 배로는 20일 걸립니다. 그런데 만약 10일 뒤에 받

▲ 일본 잡지에 소개된 팬스타

고 싶은 사람이 있다면 어떨까요? 어차피 비행기로 가봐야 9일은 창고에 있어야 합니다. 그러니 비행기로 가장 싸게 갈 수 있는데 까지는 가고 나머지는 배로 가는 식으로 10일을 맞춘다면 모두에게 좋은 결과가 된다는 거죠."

김 회장은 이런 물류산업의 핵심을 상기해볼 때 부산이 가진 장점도 아주 많다고 강조했다. 부산항에는 전 세계의 정기 선사 배들이 들어오고 여기에는 백 개도 넘는 나라의 짐들이 섞여있게 마련이다. 또 그중엔 굳이 비행기로 빨리 가지 않아도 되는 짐들이 많다. 이런 짐들을 분류하고 하나로 네트워킹하면 그 자체로 또 하나의 큰 규모의 사업이 된다는 것이다.

　　김 회장이 볼 때, 부산항 옆에 이런 기능을 하는 물류기지센
터를 만들면 지역에도 큰 도움이 된다. 물류학과 같은 전공분야
를 만들어 인재들도 키워야 한다. 부산이 가장 잘 할 수 있는 것
도 들어오고 나가는 배를 활용하는 것이라고 본다. 일본과 중국
에 있는 짐까지 모두 가지고 와서 네트워크 비즈니스로 가는 것
이 지금 부산이 선제적으로 도전해볼 만한 미래 산업 중 하나라
는 얘기였다.

　　"지금의 폐쇄적인 물류구조를 깨고 전 세계를 네트워킹하기 위해 각 나
라의 통관제도나 물류코스트 등을 모두 표준화하는 작업이 필요한데 부
산은 이런 일을 충분히 할 수 있는 기반이 돼 있어요. 더 늦기 전에 나서야
한다고 봅니다. 중국은 이미 자기네들끼리 하겠다고 나선 상황이죠. 저는
개인적으로 유라시아에 관심이 많습니다. 일본, 서안, 중국 등에 있는 짐
을 다 여기로 가져와서 허브를 만들고 IT 인재들을 모아 유럽, 아시아, 지
중해, 아프리카 식으로 담당시켜 표준화된 네트워킹시스템, 즉 SOC를 만
드는 작업이 필요합니다. 승산이 있고 또 미리 준비해야 할 사업이죠. 먼
저 생각하고, 먼저 움직여야 합니다."

　　김 회장에게 바다의 도시 부산은 확장될 수밖에 없는 도시
다.
　　바다는 물론이고 강에서도 많은 가능성을 보고 있다. 부산

같은 대도시에 낙동강처럼 전혀 개발되지 않은 큰 강이 있다는 것은 대단한 일이다. 김 회장은 이 강이 부산의 또 하나의 미래가 될 것으로 내다보고 있다.

부산에는 좋은 산도 많은데 이 같은 자연환경은 앞으로 갈수록 더 중요한 가치를 갖게 될 것이다. 이런 자연환경과 더불어 광역화된 도시를 어떻게 설계해나갈 것인지 지역 젊은이들의 지성적인 토론도 필요하다고 본다.

일본은 조경 하나로 100년을 가는데, 우리의 개발은 근시안적으로 미래를 갉아먹고 있을 뿐이다. 산토리니나 벽화 등 여기저기서 천편일률적으로 반복되며 언급되는 것들을 따라하는 것도 지양해야 한다고 본다. 정말로 우리가 할 수 있는 것들이 무엇인지를 파악하고 그것들을 중심으로 고민할 필요가 있다는 것이다. 이렇게 수심 좋은 부두, 이렇게 큰 강, 첨단도시를 표방하는 센텀시티까지 다양한 인프라를 갖추고 있는 도시는 드물다.

남들이 갔던 길을 따라 나서는 스타일이 아니라, 늘 먼저 움직이며 새로운 분야를 개척해온 김현겸 회장의 진단이기에 더욱 귀담아 들어볼 얘기들이었다. 수년 전부터 학계에서는 지역과 세계화를 함께 아우르며 일컫는 '글로컬(glocal)'이라는 말이 유행하고 있는데, 부산의 현재와 미래에 대해 얘기를 듣다보니 김 회장이야말로 지역에 밀착해있으면서도 국제적 스케일의 관점을

유지하며 내일을 준비하고 있는 글로컬(glocal) 스타일의 리더라
는 생각이 들었다.

■ 바다에
의(義)가 있다

　　김현겸 회장의 경영철학은 '의(義)'라는 글자로 수렴된다.
돈 되는 일에 뛰어들되 우선 의로움을 따져야 한다는 말을 자주
한다. 논어에 나오는 말로 이른바 '견리사의(見利思義)'다.

▲ 2003년 단합대회

공자의 제자 자로가 온전한 인격체로서의 조건이 무엇인지 물었을 때 공자가 '이익을 보거든 옳음을 생각할 줄 알아야 한다'고 답한 데서 유래했다. 유가 전통의 선비정신을 경영에 결합했다.

김 회장은 돈만 보면 다른 게 보이지 않는다는 것을 경험으로 알고 있다. 우여곡절이 없는 기업은 없고 그 문제나 위기의 양상도 다양하지만 벗어나는 방법은 하나뿐이라는 것이다. 그것이 김 회장에게는 '의'라는 글자로 표현된다. 자신이 하려는 사업이 그 일을 둘러싼 주변 사람들에게도 두루두루 득이 되는지 살피고 한 번 관계를 맺게 된 사람들과는 신의를 지키며 일하려 한다. 그

▲ 2007년 야유회

첫 번째 대상은 다름 아닌 회사의 직원들이다. 스스로 회사의 노조위원장을 자처하며 노동법을 철저히 지키려고 노력한다.

팬스타에는 결혼이나 출산과 함께 회사를 그만뒀다가 자녀를 낳은 뒤 복직하는 여직원도 상당히 많은 편이다. 임원 중 한 명이 1년 6개월 휴직하겠다는 여직원을 이해하지 못한다고 하니 직접 면담을 해서 설득한 일화도 있다.

팬스타를 찾는 고객들에게도 마찬가지다. 화주들에게 도움되는 길을 찾기 위해 여러 가지 방법을 끊임없이 고민한다. 최근 선박관리업의 중요성이 강조되고 있는데 팬스타트리에는 다른 회사 선박들의 관리 주문도 많이 들어오고 있다. 이는 회사를 믿지 못하면 불가능한 일이라고 본다. 선주가 자기 배를 맡기는 건데, 믿을 수 없는 사람이나 회사에 자기 재산을 맡길 리는 없기 때문이다.

김 회장이 지금 준비하고 있는 정통 크루즈 사업 역시 우리나라 현실에서 당장 수익을 기대하기는 어려운 현실이다. 시민사회 전반의 문화역량도 지금보다 올라가야 하고 사회구성원들의 삶의 질 전반이 향상돼 여유도 높아져야만 가능한 사업이다. 그렇지 않으면 조 단위의 투자에 걸 맞는 시장수요가 만들어질 수 없다. 하지만 그럼에도 해볼 만한 가치가 있고 의미가 있는 사업이라는 것은 확신하고 있다. 그러면서 향후 10년 간 차곡차곡 자본력을 축적해가며 시작할 계획을 가지고 있다. 2024년쯤에는 팬스타의 초호화유람선이 지구촌 곳곳을 누비고 있지 않을까.

"함께 일하는 사람, 우리 일에 연관된 사람들이 모두 보람이나 의미를 느낀다는 생각이 들 때, 진정으로 좋은 사업을 하고 있다는 생각도 듭니다. 우리 회사는 입사하면 선배들이 챙겨준다는 분위기가 잘 잡혀있는 편입니다. 바깥에서 영업할 때도 자존심 가지고 활동하라며 독려하는 편이죠.

사회생활은 눈치 보며 하면 안 됩니다. 저 자신도 20대 혈기왕성한 나이에 영업사원으로 일하면서 나쁜 관행을 보면 못 참고 거래처 직원들이랑 많이 싸우곤 했는데 그럴 때마다 상사들이 감싸줬던 기억을 소중하게 간직하고 있습니다. 나도 나중에 저런 위치가 되면 본받아야겠다고 생각했어요.

눈앞에 돈이 보이면 그 앞이 흙탕물인지, 그 뒤가 낭떠러지인지 앞뒤 재지도 않고 달려드는 게 요즘 문화이긴 합니다만 그것이 의에 맞는 것인지 따져보지 않으면 안 됩니다. 이(利)보다는 의(義)를 생각하며 경영에 임하겠다는 각오가 오래오래 변하지 않았으면 좋겠어요. 직원들이 좋아하고 또 기억하는 경영자가 되고 싶다는 소망도 있고요."

팬스타는 1990년 7월, 팬스타 엔터프라이즈로 출발해 이후 카페리 사업자 팬스타 라인닷컴과 일본 현지 법인 산스타 라인을 설립하고 부산과 오사카 항로를 중심으로 여객, 운송 등의 사업을 하는 종합물류회사다.

대한민국 최초로 국제, 국내연안크루즈를 취항했으며 현재는 가나자와, 고베, 쯔루가와를 비롯해 다양한 항로를 운항 중이다. 2010년 부산과 오사카 크루즈 승객이 백만 명을 돌파했고 지난 2014년에는 김현겸 대표이사가 여객선 부문 올해의 인물에 선정되기도 했다.

연매출 2천억, 상시 종업원 수 3백여 명 규모의 기업이며 지난 2015년, 창립 25주년을 맞아 국적여객선사 최초로 단일 선박 1조원 보험에 가입하면서 본격적인 크루즈 사업에 뛰어들었고 한국 최초로 취항하는 본격적인 국내외 크루즈인 팬스타 크루즈를 취항했다.

선진국 호화 크루즈선의 한국기항을 요청하던 과거 크루즈 사업과 달리 부산을 모항으로 남해안을 순항하는 연안 크루즈이며 한국선사에 의한 최초의 국제 크루즈라는 점에서 의미가 크다.

"된다, 된다, 잘된다,
더 잘된다"는
초 긍정 행복에너지

은산해운항공 양재생 회장

어려운 시대다. 경쟁은 갈수록 치열해지고 예전의 방식으로는 한계에 다다른 현재의 상황을 돌파하기 어려우니 곳곳에서 새로움을 강조하고 더욱 창조적인 발상이 필요하다는 주장만 요란하다. 현실이 답답하다보니 젊은이들 뿐 아니라 세대와 성별을 막론하고 모두들 잔뜩 인상만 쓰고 살아가는 시대가 돼버린 것 같아 안타깝기도 하다. 뉴스를 보면 비관적인 현실에 절망한 사람들의 슬픈 소식이 끊이지 않고 서로가 서로를 미워하며 헐뜯는 일이 하루에도 몇 건씩 수다하게 일어나고 있다. 참으로 사납고 어지러운 시대인 것 같다. 어떻게 하면 좋을까. 뭔가 뾰족한 수는 없을까.

지역 재계에서 긍정적인 마인드라고 하면 단박에 첫 손가락으로 꼽는 경영인, 은산해운항공의 양재생 회장을 만나 얘기를 들어보고 싶어진 이유다. 은산해운항공은 부산과 경남을 대표하는 물류회사다. 흔히 한강 이남에서 가장 큰 물류회사로 불리는데 재벌 계열사인 물류회사들을 제외하면 전국에서 단연 톱으로 인정받고 있다. '된다, 된다, 잘된다, 더 잘된다'라는 긍정마인드를 전파하며 30대 후반의 나이에 회사를 창업해 23년 만에 연매출 3천억 원대의 물류회사로 성장시킨 기업인 양 회장은 우리의 물음에 우선 이렇게 답했다.

"문제가 어려울수록 거꾸로 뒤집어 생각해보거나 순서를 뒤섞어보면

▲ 경인 CY CFS

도움이 될 때가 많습니다. 안 보이던 게 보이기도 하고 의외의 수가 만들어지기도 하죠. 창조경제라는 것도 핵심은 뒤집어보고 섞어보는 데 있다고 생각해요. 여기서 안 되면 저기를 보고, 여기도 저기도 안 되면 순서를 바꿔보는 식으로 계속 시도해본다는 데 의미가 있는 거죠.

무작정 긍정적인 생각을 가지라는 얘기는 자칫 무책임하게 들릴 수도 있을 겁니다. 하지만 해결될 기미가 안 보인다고 해서 내버려두면 될 가능성이 0%이지만, 뭐라도 해본다면 가능성은 1%부터 조금씩 올라가기

▲ 화전 CY CFS

시작하는 거죠. 우리나라가 지나치게 모든 분야에서 서울과 수도권 중심
으로만 돌아가는 것도 사실이지만, 그것은 그것대로 문제를 풀더라도 지
금 당장은 부산만이 가진 장점에도 눈을 돌려 집중할 필요가 있습니다.
주어진 조건에서 실마리가 보이면 우선 그것에 집중하는 게 중요합니다.
특히 해양의 시대라는 21세기에 부산이 가진 지리적 이점은 부가가치가
갈수록 커질 수밖에 없다고 봐요. 바다와 철도, 육로와 하늘길이 모두 열
려 있는 부산 같은 천혜의 교통요지가 또 어디 있습니까.

　사람들이 가끔 저를 보고 23년 동안 한 번도 쉬지 않고 흑자를 냈다는 점에서 대단하다고들 하는데 제 개인적인 생각으로는 부산은 물류와 운송이 발달하지 않을 수 없는 지역이에요. 더 잘 할 수 있었는데 오히려 아쉬운 점이 많죠. 그래서 앞으로 더 잘 하려기 위해 마음을 다잡는 겁니다. 틀림없이 더 잘 될 것이고요."

■ 긍정의 뿌리는
　　고향과 가족

　　양재생 회장은 경남 함양에서 태어나 그곳에서 고등학교까지 마치고 1975년 부산 동남아해운에 취직해 19년 동안 직장생활을 하다가 결혼한 지 3년째 되던 1993년 11월에 직원 4명과 함께 자본금 3천만 원을 가지고 은산해운항공을 창업했다. 37세의 나이로 회사를 시작한 이후 23년 동안 한 번도 쉬지 않고 흑자를 기록하며 2015년 기준 연매출 3천억 원 규모의 회사로 성장시켰다. 회사 이름 '은산(銀山)'에는 은을 산처럼 쌓겠다는 의지를 담았다. 그렇지만 초기부터 승승장구했던 것은 아니었다. 창업 초기 3~4년은 운영자금과의 전쟁이었다. 창업한 지 얼마 안 된 회사라 실적이 적다보니 금융기관에서 대출받기도 어려웠다. 물류회사의 특성상 먼저 자기 돈으로 화물을 보내고 안전하게 도착한 것이 확인되면 대금을 정산받는 구조였기 때문에 몇 달씩 자금이 묶이는 경우가 많았고 친인척이나 주변 지인 수십 명에게 돌려가며 돈을 빌리는 일이 주된 업무였을 정도였다.

　고향인 함양에는 아직도 아버지의 산소가 있어 자주 찾는다. 양 회장에게 가족과 고향은 '다 잘되고 더 잘될 것'이라는 특유의 긍정적인 생각을 갖게 하는 뿌리와도 같다. 시인이기도 한 양 회장이 자신의 대표작으로 꼽는 시의 제목도 '가족'이다. 그래서 회사 직원들의 출산장려에도 적극적인데 첫째 아이를 낳으면 백만 원, 둘째는 이백만 원, 셋째 아이를 낳으면 천만 원을 즉시 지급한다. 또 위로도 효도를 강조해 매년 창사기념일이 되면 효도상을 수상하기도 한다. 양 회장은 효도는 모든 행동의 근원이기 때문에 부모에게 효도하는 직원이라면 회사나 여타 다른 사회

▲ 녹산 수출포장

▲ 녹산 CY CFS

▲ 녹산 CY CFS

생활에서도 모범적일 수밖에 없을 것이라는 신념을 가지고 있다. 그만큼 직원들에게도 가족을 꾸리고 또 보살피는 일을 최우선으로 삼을 수 있도록 유도한다.

　　양 회장 본인도 고향마을 함양군 수동면 원평리 상원부락과 자매결연도 맺고 필요한 부분을 물심양면 돕고 있는데 마을의 가로등, 동사무소 건물, 은산공원 등이 그 예다. 공원에는 어르신들을 위한 체육시설이 있고 회사에서 거래처나 기타 선물을 해야 할 때는 되도록 고향 마을의 고로쇠 물이나 양파, 사과, 곶감 등을 구매하려 한다. 고향 함양의 한센병 환자들이 진주까지 좀 더 편하게 치료받으러 다닐 수 있도록 봉고차를 구입해주거나 80세 이상 노인들의 생일을 챙기고 학생들에게는 장학금을 지원하는 등 일상적으로 고향을 챙기는 마음이 각별하다.

양 회장의 부모님은 가난한 농부였다. 게다가 14살이 되던 해에는 아버지마저 일찍 돌아가시고 말았다. 소년 가장으로 힘든 시절을 보내야 했지만 그는 그 시절의 가난을 대수롭지 않은 것 처럼 회고한다. 당시에는 누구라도 다 가난했기 때문에 특별한 일도 아니었다는 것이다. 그때는 먹고사는 문제가 가장 절박하고 중요한 과제였는데 그런 유년시절의 기억은 지금도 삼시 세끼 밥 만 배부르게 먹을 수 있다면 행복한 것이고 그 이상은 다 인생의 보너스라고 생각하게 만들었다고 한다.

"어린 시절에 어렵고 힘들긴 했지만 그 덕분에 특유의 긍정적인 마인드 도 얻게 된 게 아닌가 싶어요. 저는 남들보다 어려운 환경에서 자랐다고 는 해도 별로 부정적인 생각은 해본 기억이 없어요. 초등학생 때 응원단 장을 맡은 적이 있는데 그 때 치던 빅토리 박수나 337박수 같은 것을 지 금도 아침마다 칩니다. 된다, 된다, 잘된다, 더 잘된다, 라고 구호를 외치 면서 짝짝짝 박수를 치죠."

양 회장은 경영 원칙이 무엇이냐는 질문에도 종종 가족의 비유를 든다. 가족들 중에도 화목한 가족이 있고 아닌 가족이 있 듯, 기업도 마찬가지라고 보고 화목한 가족적 분위기가 만들어지

▲ 녹산 컨테이너 터미널 개장식(2008. 04. 13)

지 않으면 오래 버틸 수 없다는 것이다. 그래서인지 은산해운항공에는 10년 이상 된 직원들도 많다. 물류업계는 이직률이 높은 업종이지만 은산해운항공은 상대적으로 이직률이 낮다. 실제 회사의 전반적인 분위기도 화목하고 가족적이다. 1년에 봄가을, 서울과 부산에 있는 전 직원이 공동으로 야유회 겸 등산을 간다. 예전에는 1박 2일이었지만 요즘엔 당일로 간다. 회사를 키우려면 본사를 서울로 옮기는 게 여러 모로 유리하지만, 부산이라는 제2의 고향을 지키려는 마음이 더 커서 옮기지 않고 있는 것도 비슷한 맥락이다.

　　회사 뿐 아니라 사회생활에서 만난 사람들이나 실제 가족들을 위해서도 애를 많이 쓰는 편이다. 거절을 잘 못하는 성격 탓에 여러 모임에서 회장직을 맡고 있고 자녀들에게도 경상도 남자답

지 않게 스킨십을 많이 한다.

"내가 좀 만만하게 보이는지 자꾸 회장 같은 걸 시키는데 거절도 못하고 맡았다가 후회하는 일이 반복되지요. 경성대 전상호 교수가 만든 부산포럼도 회원이 약 천 명 정도 되면서 이사장 체제로 바뀌었는데 그러면서 초대 이사장을 맡게 됐어요. 곤란하게 됐습니다만 맡은 이상 허투루 할 수도 없고 땀만 나지요. 아이들에게는 사업한다는 핑계로 신경을 많이 못 썼어요. 대신 아내가 고생이 많았죠. 그래도 아내나 아이들에게 권위적으로 대하는 아빠는 아니었어요. 다들 잘 커줘서 고맙게 생각합니다. 두 딸은 모두 미국에서 공부하고 있어서 자주 볼 수는 없지만 통화라도 매일 하려고 노력 중이고 중학생인 막내아들하고도 시간을 좀 많이 가지려고 하는 편이죠."

■ 있을 때 최선을 다하고, 없을 때는 더 최선을 다한다

양 회장은, 돌이켜보면 37살 아무 것도 모르던 나이에 철없이 사업을 시작했노라고 회고했다. 시간이 지나고 가만히 보니 자신에게 남은 것 중 가장 중요한 것은 수천억 원 매출의 회사보다는 어려울 때조차 더 나아질 것이라 믿을 수 있는 초(超) 긍정의

마인드였다.

"기업은 굳이 IMF 같은 상황이 아니더라도 매 순간순간이 위기입니다. 지금 이 순간도 위기죠. 다만 IMF 때처럼 비상식적인 위기가 오면 프로와 아마추어가 도드라지게 표시 날 뿐이에요. 그런 수준의 위기가 오면 아마추어들은 버티지 못해요. 진짜 무장이 잘 되어있는, 진짜 선수들만 살아남게 되죠. 프로페셔널의 진가가 나타나는 순간이기도 합니다. 그러니 시시각각 날을 세워놓아야 하는 것이고요. 꺼리가 있을 때 최선을 다하는 것은 당연한 것이고, 없을 때는 더 최선을 다해야 한다고 봅니다."

양 회장이 IMF라는 위기를 동물적인 직감을 통해 느끼고 오히려 선제적으로 대응해 기회로 전환한 것은 꽤 많이 알려진 일화다. 그는 IMF 직전이었던 1996년, 여러 경로를 통해 뭔가

큰 위기가 다가오고 있음을 직감했다
고 한다. 그래서 1997년이 시작되는
시무식 때 직원들에게 선전포고를 했
다. 올 한 해는 아주 어려울 것이기 때
문에 정신무장을 하자고 했고 즉각 출
근시간을 1시간 30분이나 앞당겼다.
9시 반에 출근하던 것을, 월요일은 7
시 반, 화요일부터는 8시에 출근하도
록 당겼으니 직원들의 반발이 거셀 수
밖에 없었다. 하지만 배수의 진을 친
양재생 회장도 물러서지 않았다. 못하
겠거든 사표를 쓰고 회사를 나가라고
강하게 밀어붙였다.

"바이어들과 수시로 연락하며 불만을
듣고 해소하는데 더 공을 들여야겠다는 생
각을 하게 됐어요. 저는 이미 IMF 전부터
거래처나 산업현장을 통해 미수금 회수가 안 되거나 수주도 불안정해지
는 등 영업환경이 눈에 띄게 악화되고 있다는 걸 직감했습니다. 한 시간
일찍 출근하는 게 별 것 아닌 것 같아도 정보를 빨리 얻게 되면 그만큼 조
치도 빨라지니 위기가 오더라도 선제적으로 대응할 수 있고 수주도 늘어

나게 될 것이라 판단했죠. 우리 회사는 이때부터 전 세계 화주로부터 24시간 전화를 받을 수 있는 체제로 전환했어요."

결국 그해 11월 IMF가 터지면서 양 회장의 예견이 현실로 드러났고 이후 직원들의 양 회장에 대한 신뢰는 더욱 높아졌다. 순식간에 닥친 위기에 우왕좌왕하던 다른 기업들과 달리 은산은 안정되게 일감을 늘려가며 오히려 무서운 속도로 성장하기 시작했고 다른 기업들이 줄줄이 도산하던 시기, 은산해운항공은 마침내 업계 1위에 올라서게 됐던 것이다. 1997년 91억 원이던 연매출은 외환위기 이듬해인 1998년 222억 원으로 급증했다.

또 하나, 은산이 걸어온 길 중에 양 회장의 긍정마인드가 빛을 발한 순간은 2002년 부산아시안게임 때였다. 9월 초순, 아시안게임을 보름 남겨두고 조직위원회로부터 연락이 왔다. 아시안게임에 참여하는 42개국에 성화를 운송해줄 수 있느냐는 문의였다. 이미 국내의 내로라하는 물류업체들로부터 불가능하다는 얘기를 들은 조직위로서는 궁지에 몰려있던 처지였다. 그런데 양 회장은 이 제안을 받아들였다. 성화에는 위험물인 가스가 들어있어서 42개국에 제대로 수송할 수 있을지 의문이었지만 직원들이 직접 하나하나 성화를 안고 비행기에 타서 전달해주는 방식으로 거의 열흘 만에 모든 나라에 성공적으로 발송할 수 있었다. 덕분에 당시 문체부장관 상까지 받았다. 대한항공 같은 대기업조차

▲ 화전 컨테이너 터미널 개장식(2011. 11. 12)

운송 불가라고 제쳐둔 건을, 큰돈도 안 되는데 포장방법을 바꾸거나 여타 방법을 통해 어떻게든 원하는 대상에게 전달해내고야만 은산의 사례는 국제운송업계에서 사상 최초의 사건으로 회자되며 브랜드가치를 크게 높였다.

2004년 6월에는 울산 현대중공업에서 특수 제작한 무게 7백 톤, 높이 13미터의 초대형 선박엔진을 바지선에 싣고 부산항으로 옮긴 뒤 다시 벌크선에 실어서 독일까지 운송하는 전체과정을 한 치의 오차도 없이 성공적으로 진행해 또 한 번 화제를 모았다. 바지선을 활용한다는 아이디어로 적기에 운송이 가능했는데 만약 납기 지연이 됐더라면 위약금의 액수만도 엄청났을 것이라 했다. 당시 현대중공업의 사내방송에도 나올 정도로 업계에서는 엄청난 일이었다. 부산항 개항 이래 최대 규모의 장비가 투입된 프로젝트이기도 했다. 은산해운항공 입장에서는 고되기 그지없는 일이었지만 거래처에게 득이 되어야 결국 자신들에게도 득이 된다는 것을 잘 알고 있기에 가능한 일이었다. 이런 일련의 프로젝트를 통해 은산은 국제경쟁력을 높일 수 있었고 더불어 매출액도 가파르게 늘기 시작하면서 업계 최고의 기업으로 성장했다.

■ 우리 회사의 시간은 아직도 새벽이다

기업의 목적이 우선적으로 돈을 버는 것이라면 은산해운항공은 이미 성공했다고 봐도 좋다. 하지만 양 회장에게 기업은 돈만을 목적으로 하는 곳이 아니다. 기업은 그에게 내면에서 끓어오르는 열정을 쏟아 부어 상상했던 것을 현실로 만들어내는, 돈을 넘어서는 어떤 것이다. 지금 가지고 있는 것, 지금까지 이룬 것보다는 내일부터 할 수 있는 일에 더 관심이 많다.

은산해운항공은 2014년에 1,700억, 2015년에는 1,850억의 매출을 기록했다. 컨테이너터미널(창고)이 따로 300억 정도의 매출을 올렸고 자회사인 물류회사 동서콘솔의 600억까지 합하면 전체로는 약 3,000억 정도의 매출을 기록했다. 하지만 한국을 월

▲ 경인 컨테이너 터미널 개장식(2014 07. 20)

드컵 8강에 올려놓고도 '나는 아직 배가 고프다'고 했던 히딩크 감독처럼 양 회장 역시 아직 갈 길이 멀다고 말한다. 양재생 회장은 지금도 계속 투자 중이다. 신항만에 1만평 정도의 땅을 확보했고 양산, 녹산, 화전에 3개, 인천공항, 부산 신항, 미국 애틀란타 등을 합해 모두 9개 정도의 터미널에 더 투자할 계획이다. 양 회장에게 은산은 이제 막 20년을 넘긴 신생기업일 뿐이다. 할 수 있는 일은 아직도 무한대로 펼쳐져있고 그런 의미에서 은산은 이제 막 새벽을 맞은 회사일 뿐이라는 것이다.

　요즘도 양 회장은 여전히 새벽 4시 30분에 일어난다. 낮에 이동하면서 졸기도 하지만 대체로 자정쯤 잠들었다가 새벽 네다섯 시에 일어나는 일상을 오랜 시간 반복하고 있다. 만보계를 차고 다니는 대신 술과 담배, 골프는 하지 않는다. 하루도 거르지 않고 같은 시간에 일어나 기도로 일과를 시작하는데 주로 고객의 사업이 잘될 수 있도록 빈다고 했다. 고객의 사업을 성공시켜야 은산도 성공할 수 있고, 은산이 프로젝트에 실패하면 그 손해가 고스란히 고객에게 전해지기 때문에 고객과 은산이 하나의 공동 운명체라고 생각하며 기업 활동에 임한다.

　　부산이라는 지역에서 사업을 한다는 것은 현실적으로는 녹록치 않았다. 기존에도 많은 물류회사들이 있었지만 대체로 5~10년 사이에 모두 도산했다. 그런 측면에서 은산해운항공은 잘 성장해온 편이다. 하지만 화물을 수주하는 대기업의 경우 서울 본사에서 거의 대부분을 결정하기 때문에 영업활동 하는 데에는 확실히 제약이 많은 게 사실이다. 부산본사의 명함을 들고 가

▲ 현대중공업 1항차 출하(쿠바)

면 촌사람 취급하는 경우도 많았다. 주 거래처가 대기업이 많기도 했지만 지금은 약 2만 5천 개 정도의 기업과 거래하고 있다. 핸드폰을 만드는 삼성 같은 대기업부터 개인 이삿짐이나 작은 회사 무역 물품까지 취급하는 규모도 다양하다. 그렇다고 단점만 있는 건 아니다. 무엇보다 가장 큰 강점은 결정은 서울에서 할지 몰라도, 현장은 부산이라는 점이다. 항만과 공항이 있다는 게 특히 큰 장점이다. 현장에서 문제가 일어나면 서울에서는 아무래도 처리하는 시간이 오래 걸리게 마련이지만 부산에서는 신속하게 처리할 수 있다. 서울에 본사가 있는 회사들도 물류현장은 대부분 부산이다 보니 문제가 생기면 은산보다 조치가 늦을 수밖에 없다. 양 회장은 이런 장점은 잘 살리고 단점들은 보완해나가는 방식으로 부산이 발전하기를 바라고 있다. 하지만 현실적으로는 아쉬운 점이 너무 많다.

부산항은 규모로 보나 전통으로 보나 세계적인 항구인데 세계의 대표적 선사들이 괜히 부산항으로 오는 게 아니다. 부산항을 거쳤을 때 이익이 된다고 판단했으니 이만큼 커질 수 있었다. 부산은 관문이며 요충지이기 때문에 부산을 거치면 항로가 단축되는 등 실제로도 여러 이점이 있다는 것이다. 그럼에도 부동의 3위였던 부산항이 지금은 싱가폴이나 홍콩에 밀려 5위까지 떨어졌다. 그런 의미에서 양 회장은 지금 시점에 부산에 거대 국제공항이 들어서면 향후 대한민국의 백년 먹거리가 될 것이라고 내다

봤다. 가덕신공항 계획이 수정된 것이 그래서 안타깝다. 신공항
이 부산에 들어서지 않고, 대구나 밀양 등 다른 도시로 가면 화물
을 다 가지고 올라가야만 한다. 비용 면에서 경쟁력이 떨어질 수
밖에 없는데 정책입안자들이 이런 점을 간과하는 것 같아 아쉬울
뿐이다. 정치적 문제로 해결할 사안이 아니라는 것이다.

"1970년대 중반, 컨테이너 터미널을 개통할 때도 비슷한 반응이 있었
어요. 밥도 못 먹는데 무슨 그런 거대부두가 필요하냐는 것이었죠. 하지
만 지금은 어떻습니까. 그런 과거 사례를 보면서 배우는 게 있어야 하는
데 아쉬운 거죠. 그 당시에도 이미 고베나 홍콩에 전용부두가 있었습니
다. 하지만 부산에 생기고 그만큼의 수요도 생기면서 발전을 했잖아요.
가덕도에 신공항을 만드는 일은 부산항을 제2의 도약을 통해 거대항만으
로 만드는 일이기도 합니다. 댐을 만들어놓으면 물이 차듯이, 만들어 놓
으면 물동량이 생기게 마련인데 관념적으로만 생각하다보니 물동량이 생
기고 나면 사후약방문처럼 만들겠다는 태도죠. 현장에서 일하는 사람들
과는 생각의 순서가 좀 다른 것 같아 안타까워요. 신공항은 지역의 문제
도 아닙니다. 실제 만들어지면 그중 약 10% 정도나 부산으로 돌아올까
요? 제일 많은 부분이 서울로 갈 것이고 국가적 차원의 문제로 봐야 한다
는 거죠."

1994년 만들어진 부산포럼의 이사장을 맡으면서 부산 지역

에 밀착해 지역의 발전을 모색하고 있는 것도 이런 고민의 일환
이다. 양 회장은 기업은 사회로부터 혜택을 받아서 성장하는 것
이니, 사회를 떠나서는 존재할 수 없다고 생각한다. 그 사회 중에
서도 시시각각 살을 맞대고 변화를 함께 느낄 수밖에 없는 지역
의 발전에 관해서는 더욱 적극적으로 관심을 가지고 기여할 수
있는 길을 찾아야 한다고 생각한다.

　　양 회장이 볼 때, 향후 북극항로가 열리면 부산은 중간 기착
지로서의 효용이 더욱 커지게 된다. 중국의 동북 3성이나 극동러
시아의 물류까지 모으게 되면 그 가치는 훨씬 커지게 된다. 지금
부터라도 부산을 극동물류의 중심으로 자리매김할 수 있도록 적

▲ 현대중공업 가제트

극적으로 노력해야 한다. 그런 측면에서 부산시가 좀 더 국제적으로 시야를 넓히고 정부와 별개로 독자적 돌파구를 마련하기 위해 공격적으로 나서준다면 좋겠다는 바람도 있다. 중국이나 러시아 뿐 아니라 북한과도 적극적으로 접촉해야 하고 더 늦기 전에 극동을 선점하기 위해 조치를 취해야 한다고 본다. 더 늦으면 회복하기 힘들 만큼 기회를 놓치고 말 것이라는 게 양 회장의 진단이다.

■ 긍정을 넘어, 초 긍정으로

양 회장의 좌우명은 금강경에 나오는 '심상사성(心想事成)'이다. 마음먹은 대로 일도 된다는 뜻이다. 정확하지 않은 정보에 지레 겁을 먹거나 안 된다는 생각부터 먼저 하면 실제 일도 그렇게 될 가능성이 높아진다. 안될 때 안 되더라도 최선을 다해 준비하고 부딪쳐보면 뭐라도 하나 얻는 게 생기고 배우게 되며 그렇게 하나씩 발판을 만들어야만 더 큰 꿈을 향해 나아갈 수 있다고 믿는다. 될 것이라고 믿고 도전하는 일은 즐거움도 높여준다. 양재생 회장의 긍정 마인드는 업계와 지역사회에서도 유명하다. 그의 긍정은 그냥 긍정이 아니라는 점에서 '초 긍정'이라 불리고 있

▲ 추계야유회

을 정도다.

　"같은 일이라도 은산과 함께 하면 기분이 좋다, 혹은 양재생과 함께 하면 기분이 좋다는 느낌이 들었으면 좋겠어요. 라디오에도 주파수가 있는 것처럼 사람들도 나름대로 풍기는 에너지가 있게 마련이죠. 제 생각엔 좋은 느낌을 주고받는 것이 사람 관계에서든, 비즈니스에서든 가장 중요한 일인 것 같아요. 다른 사람의 안 좋은 점만 들추어내서 보려는 심보는 아쉽죠. 또 있을 때는 잘 해주고 없을 때는 더 잘해줘야 하는데 그렇게 못하는 것도 마찬가지고요."

　　양 회장이 가장 존경하는 인물은 미국의 34대 대통령 아이젠하워라고 한다. 아이젠하워는 빈민가에서 불우하게 자라며 늘

동네 사람들과 싸우고 욕을 입에 달고 살았지만 어느 날 문득, 항상 자신을 안아주고 사랑으로 돌보던 어머니를 떠올리곤 마음을 다잡았는데 이후 장군이 되었다가 마침내 대통령까지 된 인물로 널리 알려져 있다. 양재생 회장이 이런 아이젠하워를 특히 좋아하게 된 이유도 노르망디 상륙 작전과 관련된 긍정적인 마인드의 일화 때문이다. 당시 장군들이 모여 노르망디에 누구를 보내면 좋을지를 의논하다가 운이 가장 좋은 사람을 보내는 게 좋겠다고 결론지었는데 그럼 누구의 운이 가장 좋은지를 따지다가 평소 긍정의 에너지가 넘치던 아이젠하워를 보냈다는 이야기인데 그처럼 양 회장도 운이란 특별한 것이 아니고 일상적으로 좋은 기운과 에너지를 주변으로 흘려보내다보면 자연스레 따라오는 것이라고 생각한다. 양 회장은 행복에너지는 옆으로 흐르게 마련이고, 그 옆 사람에게도 흐르고, 또 그 옆 사람에게도 계속해서 흘러가는 것이기 때문에 흘려보내는 사람이 많으면 많을수록 좋은 것이다.

부산 중구 은산빌딩에 위치한 은산해운항공의 본사에는 회장 집무실이 없다. 양 회장이 직원들과 일상적으로 함께 하기 위해 집무실을 만들지 않았다. 손님이 오면 회의실에서 만난다. 그는 이곳에서 매일 직원들과 함께 '된다, 된다, 잘된다, 더 잘된다'는 구호를 외치며 함께 생활하고 있다. 내일 아침에도 변함없이 그럴 것이다.

은산해운항공은 세계 전 지역을 대상으로 선박 및 항공운송 서비스를 진행하는 종합물류회사다. 1993년 11월 창립되어 현재 서울, 부산, 해외 등지에 지사를 설립하고 동종업계에서 가장 주목받는 기업으로 성장했다. 한국물류대상 건설교통부장관상, 한국마케팅관리학회 마케팅이노베이션 대상, 부산중소기업인 대상, 관세청장 표창, 부산고용대상 최우수상, 국토해양부 산업포장 등을 수상하고 서울신문 주최 대한민국 우수기업 선정, 부산광역시 주최 500대 선도기업 등에 선정됐으며 양재생 회장은 한국해운신문 올해의 인물상 등을 수상하는 등 23년 동안 매출 3,000억 가량의 회사로 성장했다.

④ 창조적 지속가능성

"새로운 것에만 집착하고 오래된 것은 낡은 것으로만 치부하는 우리 세대에서는 백년기업이 가진 의미가 제대로 평가받지 못하고 있는 것 같아 아쉽습니다. 오래 가기 위해서는 역설적으로 단순해야 합니다. 무릎을 칠만한 묘수보다는 기본에 충실하겠다는 태도가 훨씬 중요하다고 봐요. 예를 들어 장수하는 기업이 되려면 다른 것보다 우선 제품이 좋아야죠. 기업이 제품과 서비스를 제쳐두고 다른 것으로 살아남을 수 있을까요. 단순한 원칙이죠. 특별한 것은 없습니다. 기업도 사람과 같습니다. 열혈청춘일 때도 있지만 나이 들수록 단단해지고 지혜로워집니다."

– 성창기업 정해린 전 회장

"직원들 뿐 아니라 가족, 친구, 하물며 여자를
사귈 때조차 마찬가지입니다. 우리가 누군가와
진실한 관계를 맺고자 한다면 꼭 필요한 것들
은 보편적으로 비슷하다고 생각해요. 우선 관심
을 가져야 하는 거죠. 또 관심만 가지고 있다고
해서 내팽개쳐두는 게 아니라 시간을 들여 관찰
해야 합니다. 그래야 나름의 관점이 생기고 그
것을 바탕으로 탄탄한 관계도 가능해지는 것이
죠. 삼려도 마찬가지예요. 늘 마음에 드는 사람
이 어디 있겠습니까. 일상적으로 배려하고, 좀
못하면 독려하고, 잘하면 격려하는 식으로 함께
가야 서로 성장하는 것 아닐까 싶습니다."

– 동신유압 김병구 대표

백년 기업의 저력

성창기업 정해린 회장

사람은 누구나 힘을 가지고 싶어 한다. 이 힘은 권력, 돈, 사람, 혹은 어떤 기술이나 예술적 열망 등 다양한 모습으로 나타나 인간을 유혹하거나 감동시킨다. 그런데 이런 힘들 중에서도 단연 최고의 힘, 가장 강한 힘을 하나만 꼽으라면 그것은 어떤 힘일까. 아마도 '시간을 버티는 힘' 아닐까. 시간은 누구에게나 공평하며 냉정하고, 동서고금을 막론하고 인간과 사회를 규정하고 제압했다. 한편 우리는 시간의 힘을 빌려서라야 비로소 어떤 인물이나 현상에 대한 진정한 의미를 파악할 수 있기도 하다. 시간은 모든 존재가 자기증명을 위해 가장 먼저 갖추어야 할 조건이다.

그런 의미에서 오늘날의 사회는 부박한 측면이 있다.

모두가 새로운 것에 집착하며 일희일비하는 동안 소란스럽기만 한 세상에서 흔들리는 우리를 붙잡아줄 가치가 부재하다. 목재사업이라는 외길로만 걸으며 우리나라에는 8개밖에 없다는 이른바 백년기업, 부산 기업으로서는 최초로 백년기업이 된 성창기업의 오너이자 회장인 정해린 부산외국어대학교 총장을 만나 얘기를 들어보기로 한 이유다. 해방과 전쟁 등 고단하고도 숨 가쁜 현대사를 겪어온 우리나라에서 무려 백년을 버텨온 기업이라면 어떤 고집과 철학을 가지고 있을까.

■ 나무 외길,
백년의 시간

〈100년 기업의 조건〉에서 저자 케빈 케네디는 전 세계 기업 중 80%가 30년을 버티지 못하고 평균 수명은 고작 13년 밖에 되

▲ 부산 다대동 성창기업(2016년)

지 않는다고 말한다. 그만큼 오랜 시간 기업 활동을 한다는 것이 녹록치 않다는 증거일 것이다.

우리나라는 더하다. 백년기업으로 꼽을 수 있는 기업은 겨우 8개가 있는데 121년의 역사를 가진 국내 최장수 기업 두산이 있고 바로 뒤로 120년 된 신한은행과 동화약품이 있다. 그밖에 우리은행, 몽고식품, 인쇄회사 보진재 등이 있는데 부산에서는 유일하게 성창기업지주가 있다. 창업 80년을 넘긴 회사까지 포함해도 30개 남짓이다.

반면 옆 나라 일본의 경우에는 백년을 넘어 2백년 이상 된 기업만 4천 개 가까이 된다. 2012년을 기준으로 2백년 이상 된 장수기업은 세계적으로 7,200여 개가 있는데 이중 절반 이상인 3,900개 넘는 회사가 일본에 있다. 이런 흐름이나 분위기에 대해 정해린 총장은 아쉬움이 많다.

"기업뿐만이 아니에요. 일본에는 작은 가게나 식당 중에서도 수백 년씩 된 곳이 많습니다. 350년 된 덴푸라집, 250년 된 장어구이집, 200년 된 소바집, 250년 된 자개집, 250년 넘은 어묵집, 그밖에도 과자집, 게다(신발)회사, 김 만드는 점포 등 역사와 전통을 자랑하는 점포를 심심찮게 만날 수 있다는 사실이 늘 놀라워요. 또 이런 가게들은 공통적으로 큰 자부심을 가지고 있죠. 이 자부심은 곧바로 해당 지역, 나아가 국가 전체의 자부심과 연결되는 겁니다. 하지만 새로운 것에만 집착하고 오래된 것은 낡은 것으로만 치부하는 우리 세태에서는 백년기업이 가진 의미가 제대로 평가받지 못하고 있는 것 같아 아쉽습니다."

실제로도 조금만 시간이 지나면 새로운 건물이 들어서고 익숙했던 거리와 점포들조차 얼마 지나지 않아 인테리어가 바뀌고 아예 새로운 가게로 바뀌는 것을 일상적으로 목격하며 살아가고 있는 요즘이다. 하지만 이런 시대일수록 오랜 시간 속에서 차곡차곡 쌓인 단단하면서도 우직한 지혜의 가치는 더욱 커질 수밖에 없지 않을까. 물론 일제강점기와 한국전쟁 같은 격변의 현대사를 거쳐 온 한국에서 장수기업이 출현하기란 쉽지 않았을 것이다. 하지만 여기에는 기업인을 전문가가 아닌 장사치 취급하는 전근대적 사고방식이나 정치인, 관료 등을 중심으로 한

▲ 창업주 만오 정태성 회장

위압적이고 경직된 사회분위기도 한몫했음을 부정할 수 없다.

　　성창기업은 1916년 설립돼 2016년에 백주년을 맞이한 목재전문기업이다. 합판과 마루판 등을 생산하는 업체는 국내에 성창기업을 포함해 3곳뿐이다.

　　성창기업의 모태는 성창상점이다. 대구농림학교를 졸업한 창업주 만오(晩悟) 정태성 회장이 부친 장석주와 함께 경북 영주

▲ 성창상점(1927년)

에서 설립해 목재판매와 정미소 사업을 주로 했다. 정태성 박사
는 이후 일본인들이 함부로 헤집어놓은 산을 보며 조림에 뜻을
품게 됐는데 마침 1937년 춘양목재주식회사를 인수하면서 성창
임업으로 회사 이름을 바꾼 뒤 본격적인 조림 사업에 나서기 시
작했다.

성창기업은 1937년부터 일본인들의 남벌로 황폐해진 임야
에 조림을 하기 시작하여 현재까지 약 3,700ha에 잣나무, 낙엽송
등을 조림하였으며, 이러한 노력 덕분으로 현재 산림녹화는 물론
이고 울창한 경제림 조성까지 완성하였다. 나무를 심기 위해 많
은 땅을 사들였지만 처음부터 나무를 심고 기르기 위해 사들인
땅이라 경사도 가파르고 부동산으로서의 가치도 높지 않다. 또
조림사업 자체가 수십 년씩 나무를 키워야하는 등 돈을 벌만한
사업으로서는 한계가 많았지만 정태성 박사에게 나무를 심는 일
은 사업을 넘어서는 중요한 가치를 가지고 있었다.

해방 이후인 1948년에는 성창기업으로 한 번 더 회사이름
을 바꾸며 본사를 대구로 옮겨 대구합판공장을 준공했지만 한국
전쟁이 터지면서 모든 것이 순식간에 먼지가 돼버리고 말았다.
겨우 재기의 발판을 마련하고 정태성 박사 선대의 고향이기도 했
던 부산으로 본사와 공장 모두를 완전히 옮겨온 것은 1955년의
일이었다.

이후 성창은 동명목재와 함께 업계의 양대 산맥을 형성하며

승승장구하기 시작했다. 성창이 걸어온 길은 그대로 한국의 목재 산업이 걸어온 길이라 해도 좋을 만큼 업계를 선도한 사례들도 많은데, 예를 들어 1953년에는 국내 최초로 동남아 원목 직수입에 성공했고 1959년에는 최초로 합판을 미국으로 수출하면서 한국 합판업계를 대표하는 회사로 발돋움했으며 1966년에는 장판 일색이던 바닥재 시장에 마루판을 출시해 업계에 파란을 일으켰고 1986년에는 당시 기업의 수장이었던 정해린 사장이 한국 고유의 난방방식에 맞춰 온돌마루판을 최초로 개발하는 등 끊임없이 혁신하며 한국 목재산업을 독보적으로 개척했다.

▲ 대구 성창기업 합판건조(1948년)

▲ 대미 합판 수출(1959년)

　　숲 가꾸기 사업을 본격적으로 펼치기 시작한 것은 1960년
대부터였다. 축구장 5천 개를 합한 크기의 숲을 전국에 조성하여
산림의 공익적 기능 증진과 경제림 조성 및 산림부산물의 효율적
인 이용을 위해 노력하고 있다. 2012년에는 폐목재를 재활용하
는 사업까지 갖추면서 바야흐로 나무를 심고 키우는 조림에서 마
지막 단계인 재활용까지 모든 영역을 사업화하는 데 성공했다.
나무와 함께 성장하고 나무와 함께 걸어오는 동안 회사의 나이테도 늘어나면서 후발주자들에게는 마을을 지키며 서있는 나무처럼 든든한 존재가 되었다.

하지만 여느 기업처럼 성창에도 위기가 없었던 것은 아니다. 1970년대 중반과 1980년대 초반, 두 차례의 석유파동으로 나라경제 전체가 위기에 처했을 때는 성창도 비켜갈 수 없었다. 심각한 상황이 계속되는 가운데 업계 양대 산맥 중 하나였던 동명목재는 결국 버티지 못하고 도산했을 정도였다. 정해린 총장이 사장을 맡아 경영 전면에 나선 것도 이 무렵이었다. 자산을 매각하고 구조조정을 단행했다. 다행히 1988년 올림픽과 함께 경기가 살아나기 시작했다. 겨우 위기를 벗어나 사업을 안정시켰지만 10년 뒤 다시 외환위기가 덮쳤다. 순식간에 워크아웃에 들어가야만 했고 2002년에야 겨우 벗어날 수 있었다. 이듬해인 2003년, 2대 회장에 오른 정 총장은 이후 노사협력을 가장 중요한 원칙으로 꼽으며 경영활동에 임했다. 위기를 극복하기 위해 임금 동결과 인력 감축 등 받아들이기 어려울 만한 제안을 했는데도 두 말 없이 수용하며 회사를 위해 함께 노력해준 노조에 대해 깊은 감사의 마음을 느꼈기 때문이었다.

"1984년에 사장으로 취임했는데 엄청난 위기였어요. 그때랑 1998년 상황은 지금도 돌아보면 서늘할 만큼 가장 큰 위기였던 것 같아요. 사장에 취임할 당시 세계적으로는 2차 오일 쇼크로 어디나 악성 불황이었고,

▲ 부산 우암동 성창기업(1963년)

국내에서도 정부가 산업 통폐합 정책을 펼치면서 합판산업이 고사 직전
이었죠. 얼마 지나지 않아 1986년에 부친(정태성 회장)도 돌아가시면서
여러 모로 기댈 데가 없는 상황이었습니다. IMF 외환위기 때도 최악이었
죠. 목재를 다루는 우리 회사의 특성상 거래처 중 건설 회사들이 많았는
데 이 업계가 IMF 직격탄을 맞으면서 줄도산을 했던 거예요. 수금해야 할
어음들이 모두 휴지로 변해버리고 우리 회사조차도 워크아웃에 들어가게

됐습니다. 하지만 다른 회사와 달리 부채는 한 푼도 탕감 받지 못했죠. 그런 어려운 시기에 회사가 고심 끝에 내놓은 제안들을 노조가 두 말 없이 받아주었고 5년 만에 다시 흑자로 돌아설 수 있었습니다."

한국전쟁 당시 경영난에 설비 가동을 중단하면서도 직원들의 월급은 밀리지 않고 챙겼다던 창업주의 일화가 떠올랐다. 나무는 거짓이 없고 가꾸는 만큼 보답해준다는 것을 강조하던 창업주의 경영철학은 직원들과의 관계에서도 그대로 적용됐고 성창은 실제로도 지금까지 노사분규나 파업이 단 한 번도 일어나지 않은 기업으로 유명하다.

정해린 총장은 4남 3녀 중 4남으로 경희대 경제학과를 졸업했다. 1984년부터 경영 일선에 나선 이후 창업주의 대를 이어 기업 수성의 틀을 갖추는 데 성공했고 1993년부터 2011년까지 학교법인 성지학원 이사장을 맡다가 2011년 4월에 제7대 부산외대 총장에 취임했다.

■ 백년기업의
비밀

백년의 시간을 버틴 기업이라면, 그 비결이 무엇일지 궁금

하지 않을 수 없다. 오래 사는 사람들도 각자 나름의 장수비결을
가지고 있듯 정글과도 같은 험한 경쟁 속에서 그 긴 세월을 버텨
낸 기업이라면 뭔가 비밀이 있을 법도 했다.

▲ 부산 우암동 성창기업(1967년)

"오래 가기 위해서는 역설적으로 단순해야 합니다.

무릎을 칠만한 묘수보다는 기본에 충실하겠다는 태도가 훨씬 중요하다고 봐요. 예를 들어 장수하는 기업이 되려면 다른 것보다 우선 제품이 좋아야죠. 기업이 제품과 서비스를 제쳐두고 다른 것으로 살아남을 수 있을까요.

단순한 원칙이죠. 특별한 것은 없습니다. 물론 어떤 순간에는 묘수를 발휘해 극복할 수 있겠지만 그것도 한두 번이죠. 우수한 제품 없이 시간의 힘을 버텨내는 방법은 없습니다. 사업을 다각화하며 무리해서 확장하지 않으려는 것도 그런 이유입니다.

또 오랫동안 함께 근무할 수 있도록 직원들에게 신경 쓰는 것도 마찬가지죠. 오랜 시간 손발을 맞춰온 사람들과 무리하지 않으면서 진심을 담은 제품을 만든다는 것, 간단히 말하면 기본을 충실하게 지킨다는 것이 비밀이라면 비밀일까요."

정 총장이 밝힌 백년기업의 비밀은 '기본'이었다. 당연하다면 당연하고, 의외라면 의외랄 수 있는 은근한 대답이었다. 직원, 거래처 등에 대한 신뢰와 '한 우물 경영'이라는 원칙. 물론, 시간이 지나면서 유혹이 없었던 것은 아니었다. 하지만 나무를 사랑하고 나무를 닮은 기업을 만들고 싶었다던 선대 회장의 유지를 받들어 고집스럽게 나무를 벗어나지 않으며 기업을 계속해왔다.

"기업도 사람과 같습니다. 열혈청춘일 때도 있지만 나이 들수록 단단해지고 지혜로워집니다. 지혜롭다는 건 겉으로 드러나는 세상의 복잡함 속에서도 단순한 원칙의 위대함을 알고 있다는 얘기입니다. 물론 백년기업이라는 말에서 느껴지는 평화로움이나 여유 같은 것은 매일 매일이 전쟁에 다름 아닌 실제 기업 활동과는 거리가 먼 얘기지만요."

그러면서 정 총장은 세계에서 가장 오래된 기업이라는 일본의 곤고구미 얘기를 들려주었다. 무려 1,428년 동안 기업 활동을 영위하다 안타깝게도 2007년 즈음 파산한 회사였다. 백제에서 건너간 한 사찰건축 장인에 의해 578년에 설립된 곤고구미는 일본에서 가장 오래된 사찰인 시텐노지(四天王寺)를 지은 이후 무려 40대에 걸쳐 이어지며 일본을 대표하는 사찰 건축업체로 자리잡았다. 세계에서 가장 오래된 목조건축물 호류지의 오층탑과 일본 3대 성 중 하나인 오사카성도 곤고구미가 지은 작품들이다. 하지만 무려 천오백년 가까이 장수해온 곤고구미는 거품 경제 시기에 무리하게 사업을 확장하며 부동산에 투자하다 결국 파산하고 말았다. 곤고구미는 이미 장자 세습이라는 관행에서 벗어나 아들, 딸을 막론하고 가장 건강하고 능력 있는 자식에게 회사를 물려주었고 전통목조건축이라는 회사의 전문분야를 가업으로 고수하는 등 많은 장점을 가진 회사로 정평이 나있었다. 하지만 잠깐의 위기를 극복하기 위해 무리하게 시도한 사업 확장이 돌이킬

▲ 부산 우암동 성창기업(1969년)

수 없는 결과로 이어지고 말았다.

"기업하는 사람인 이상 왜 안 키우고 싶겠습니까. 당연히 욕망이 생기죠. 하지만 대기업은 오래 가지 못하겠다는 생각을 하고 있습니다. 적정 규모가 중요하죠. 창업주인 선친이 자주 하셨던 말씀이 있어요. 한 우물을 진득하게 파라는 말씀이었습니다.

목재업은 애초에 대기업이 되기 힘든 구조에요. 미국의 조지아 퍼시픽 같은 큰 회사들이 있긴 하지만 그런 회사들은 화학이나 유통 같은 산업에 뛰어들었기 때문에 그렇게 덩치를 키울 수 있었죠. 부동산 개발도 많이 하고요. 하지만 성창기업은 그런 쪽으로는 눈을 돌리지 않았어요. 대기업은 아닐지라도 성창기업이 어떻게 수출하고 어떻게 돈 버는지도 모르던 시절에, 또 국가지도자가 중화학을 중시하던 시절에 한국 경제의 근간과 발전을 위해 나름의 기여는 했다고 자부합니다.

1970년대 중반까지도 목재업은 수천 명씩 고용을 창출해가며 국가경제에 상당히 큰 기여를 했습니다. 직원이 많을 때는 3천명을 넘었죠."

성창은 산업 환경이 빠르게 변하고 시대의 트렌드가 달라지는 상황에서도 흔들리지 않고 한 우물을 파오며 백년이라는 시간을 통과했다. 1993년에는 목재 전문 연구를 위한 부설연구소를 설립했고 최근에는 친환경합판, 폐목재 활용 등으로 사업 전반의 기술과 품질을 끊임없이 업그레이드하고 있다. 재활용하는 폐목재가 연간 25만 톤 이상인데 이는 20만 그루 이상의 소나무를 베지 않아도 되는 효과를 낳는다. 최근에는 여기서 한발 더 나아가 목재 소재를 활용한 환경에너지 분야의 진출도 모색하고 있다.

■ 지역과 청년,
앞으로의 백년을 위한 주인공

　부산에서도 이제 백년기업이 탄생했다. 하지만 만족하기엔 이르다. 시공간이 해체되면서 경쟁의 강도도 높아지고 영역도 글로벌 차원에서 일어나고 있다.

　다음 백년을 위한 준비가 시급하다. 무엇을 생각해봐야 할까.

　"지역사회 발전과 기업의 발전은 거의 하나처럼 강하게 연결되어 있습니다. 지역은 무엇보다 인재들이 오고 싶어 하는 곳이 되어야 합니다. 지금처럼 떠나고 싶어 하는 지역이 되면 승산이 없어요. 지역이 발전해야 기업도 발전하고, 기업은 또다시 그 이윤을 지역사회에 환원하면서 선순환구조가 만들어질 수 있죠.

　성창의 전성기였던 1960~70년대를 떠올려보면 부산 역시 영광의 시기였던 것 같아요. 하지만 지금은 산업도 계속 진화해서 상황이 많이 달라졌습니다. 그에 걸 맞는 변화를 모색해야 하고 기업과 지역이 지금보다 더 치열하게 머리를 맞대고 고민해야 할 필요가 있습니다. 부산은 바다를 훨씬 적극적으로 활용할 필요가 있다고 봐요. 기업도 각자의 전문성 위에서 지속적이고 창의적으로 새로운 도전을 해야만 할 테고요."

▲ 동래금강식물원(1969년 개원)

　　성창은 1969년 9월, 우리나라 최초의 민간 식물원인 동래 금강식물원을 개원했다. 창업주 정태성 회장은 경북 봉화의 옥방 임야, 기장의 일광목장과 함께 이 금강식물원을 가장 아꼈다고 한다. 지역사회에 기여하기 위한 나무기업 성창만의 실천이었다.

　　또 지금은 성지학원으로 이름이 바뀐 성창학원의 설립으로 지역사회의 미래를 일굴 인재개발에도 적극적으로 나섰다. 정해 린 총장이 2011년부터 총장을 맡고 있는 부산외국어대학교도 이 런 실천의 일환으로 설립된 학교다. 우암동에 있다가 지난 2014 년 남산동으로 옮긴 부산외대는 캠퍼스의 풍광과 건물 등이 한국

▲ 일광목장(1969년 개장)

에서는 보기 드물 정도로 최고 수준이다. 특히 총장실에서 보이는 사자바위가 있는 산의 풍광은 일품이다. 정 총장은 학교로 오면서 청년과 지역에 대한 관심도 부쩍 커졌다. 성창기업이 백주년을 맞이한 것처럼, 부산외국어대학도 개교 30년을 맞이했는데 정 총장은 취임 후 학교의 최대 숙원이었던 남산동 이전을 완전히 마무리했다. 작년에는 8대 총장으로 연임에 성공해 4년 더 부산외국어대학교를 이끌게 됐다. 하지만 벌써부터 그 4년이 짧다고 느껴질 만큼 아직도 할 일은 태산이다.

"지방 정부나 지역 소재 기업이 지속적으로 일자리를 창출하는 것이 우선적으로 부산에서의 인력 유출을 막는 지름길이 아닐까 생각합니다. 하지만 보다 근본적으로는 부산지역 출신의 우수한 학생들이 전공을 불문하고 수도권 명문대학으로만 진학하려고 드는 현재의 편향된 진학 문화를 두고 보기만 할 것이 아니라 동남권 거점대학을 공격적으로 육성해서 지역의 인재들을 유치할 수 있도록 해야 한다고 봐요.

부산을 어떻게 발전시킬 것인가는 분야를 막론하고 지역의 기성세대들에게는 큰 숙제죠. 사람도, 돈도 모두 다 서울로 가고 있습니다. 어느 정도 크고 어느 정도 자라면 사람이든 기업이든 다 서울로 가려고 해요. 여기에 대한 문제의식이 많은 편입니다. 시민들의 의식이 바뀌어도 개인으로서는 할 수 있는 게 제한되어 있잖아요.

개인은 힘이 없기 때문에 중앙권력을 설득하고 지역에서의 정책을 이끌어갈 관료들의 의지가 지금보다 더 많이 필요합니다. 대부분의 기업들은 절차가 복잡하고 노동유연성도 부족하고 법과 상관없이 국민정서의 문제도 있고 하는 여러 가지 문제 때문에 외국으로 가려고 합니다. 저도 성창기업에 있을 때는 외국에 공장 짓는 것을 심각하게 고민한 적이 있어요. 실제로 캐나다, 미국 등에 갔을 때는 칙사 대접을 받기도 했죠. 70명 내지 100명만 고용해주면 땅 사는 것도 여러 모로 지원해주고 도로도 깔아주겠다는 식이었습니다. 노동자 교육도 자기네들 대학에서 하겠다는 식이었죠. 제가 한국에서 경험하고 있는 환경과 많이 달라서 놀랄 정도였는데 외국에서는 지금 그만큼 절박하게 움직이고 있다는 걸 알아야 합니다.”

정 총장이 이미 1987년에 경험한 일들이었다.

캐나다에 갔더니 주지사 보좌관이 계속 곁을 지키며 안내하고, 주지사는 비행기를 내주고, 지역의 대학총장도 직접 나서서 학생들의 우수성을 설명하고, 금융권에서는 최고 책임자가 와서 도울 수 있는 것은 뭐든지 돕겠다고 나서더라는 것이었다. 이런 상황이라면 굳이 국내에서 공장을 짓고 기업 활동을 하지 않아도 되는 게 아닐까 심각하게 고민될 정도였다.

정 총장은 앞으로 지역은 그 지역만의 독특한 역사와 전통, 그리고 스토리에 주목하지 않으면 활로를 찾기 어려울 것이라고 전망했다. 더 나은 곳, 더 빨리 성공한 곳을 벤치마킹하는 방식으로는 한계가 있을 것이다. 앞으로의 백년을 준비하기 위해서는 자기만의 전문성, 자기만의 우물이 무엇인지를 파악하고 우직하게 그것에 집중하고 주목할 필요가 있다는 것이다.

지역, 변방, 경계, 유목 등은 현대를 살아가는 우리들에게 언젠가부터 새로운 가치로 다가오고 있는 키워드다. 이미 백년기업이라는 사실 하나만으로 명품기업임을 증명한 성창기업이 걸어온 길은, 앞으로 백년기업이 될 많은 기업들 특히 부산경남지역의 기업들에게 는 든든한 선례이자 소중한 이정표가 될 것이다. 백년기업 성창을 생각하며 집으로 돌아오는 길, 문득 류시화 시인의 작품 '나무의 시'가 떠올랐다.

나무에 대한 시를 쓰려면 먼저/ 눈을 감고/ 나무가 되어야지/ 너의 전 생애가 나무처럼/ 흔들려야지/ 해질녘 나무의 노래를/ 나무 위에 날아와 앉는/ 세상의 모든 새를/ 너 자신처럼 느껴야지/ 네가 외로울 때마다/ 이 세상 어딘가에/ 너의 나무가 서 있다는 걸/ 잊지 말아야지/ 그리하여 외로움이 너의 그림자만큼 길어질 때/ 해질녘 너의 그림자가 그 나무에 가 닿을 때/ 넌 비로소 나무에 대해 말해야지/ 그러나 언제나 삶에 대해 말해야지/ 그 어떤 것도 말고.

성창기업은 1916년에 설립 경북 영주에서 설립된 성창상점을 효시로 한 합판제조업을 전문으로 하는 기업이다. 1948년 상호를 성창기업주식회사로 변경하고 1955년 본사와 공장을 모두 부산으로 옮겼다.

한국 최초로 미국에 합판을 수출하는 등 국내 합판산업을 선도해왔으며 1976년 기업공개(유가증권시장 상장)를 했다. 2009년 성창기업지주(주)(대표 우인석)를 모회사로 한 지주회사 체제로 개편했으며 산하에 합판 마루판을 생산하는 성창기업(주), 파티클보드를 생산하는 성창보드(주), 폐목재 재활용을 위한 지씨테크(주) 등의 계열사가 있다. 전체 임직원 500여 명, 연매출액은 1800억 원대이며 'We grow with Nature (자연과 함께 성장하자)'를 모토로 하고 있다. 본사는 부산광역시 사하구 다대로 627에 있다.

Let's start our own sty[l]

ET   TC

4관3려의 리더십

동신유압 김병구 대표이사

  기업의 목적은 이윤추구, 그러니 최소한의 비용으로 최대
한 많은 제품을 팔아 무조건 돈만 많이 벌면 된다는 식으로 생각
하던 시절이 있었다. 하지만 상황이 많이 변했다. 21세기 글로벌
시장에서 살아남기 위해서는 거대한 변화의 흐름을 직시하고 뼈
를 깎는 각오로 부단히 노력해야 한다는 경고의 목소리가 높다.
그럼에도 한국 기업들은 여전히 여타 선진국의 기업들에 비해 갈
길이 멀다는 비판을 자주 받는다. 대중들의 기업에 대한 신뢰도
낮은 편이다. 특히 사람에 대한 존중이 부족하다는 지적이 많다.
하지만 진정한 글로벌 기업으로 성장하고 존경받기 위해서는 무
엇보다 '사람'을 중심에 놓고 생각해야 한다는 목소리가 기업인
들 사이에서도 뚜렷하다. 이익을 창출하는 1단계와 새로운 시장
과 수요를 선제적으로 창출하는 2단계를 넘어 이제는 기업은 물
론 사회구성원 전체의 행복과 발전을 염두에 두고 경영한다는 이
른바 '기업가정신 3.0' 시대로 접어들었다는 주장이다. 일견 교
과서적으로 보이지만, 그래서 더욱 더 현실에서는 찾아보기 힘들
것 같은 기업인이 우리 주변에도 있을까. 패기 넘치는 기업가 정
신으로 모험을 감수하면서도, 그 성공이 온전히 자신의 것만이
아닌 기업과 사회구성원 모두의 것이라고 기꺼이 받아들이며 배
려하는 기업인. 오너 뿐 아니라 회사의 구성원 모두가 상생하고
서로를 존중하는 문화를 진지하게 고민하고, 갑과 을이 아니라
각각의 역할에 충실한 동료로서 차갑게 역할을 수행하되 따뜻하

▲ 동신유압 창원신공장

게 배려하는 모순을 품어 안는, 그런 기업인 말이다.

　　우리가 어느 휴일, 수영강변에 위치한 한적한 식당에서 이
른바 '4관3려'의 독특한 리더십으로 유명하다는 동신유압의 김병
구 대표이사를 만난 이유다. 4관3려는, 직원들에게 관심(觀心)을
가지고, 관찰(觀察)을 하면, 관점(觀點)이 생기고, 직원들과의 관
계(關係)가 좋아진다는 의미의 '사관'과 일상적으로 배려(配慮)하

고, 일 못하는 직원은 독려(督勵)하고 일 잘하는 직원은 격려(激勵)한다는 의미로 김병구 대표가 만든 말이다.

■ 동신유압의
시작과 성장

동신유압은 창업주 김지(金志) 회장이 1967년에 설립한 회사로, 세계 최고 수준의 사출성형기를 생산하고 있는 명문 장수기업이다. 사출성형기란, 일정한 틀을 만들어 플라스틱 등 여러 원료를 원하는 모양으로 붕어빵 찍어내듯 금형 안에서 만들어내는 기계로 우리가 사용하는 거의 모든 제품의 모양을 만들 때 사용하는 기계다. 국내 사출성형 분야의 중추 역할을 맡고 있는 동신유압은 동종업계에서 가장 많은 사출기를 개발, 생산해왔으며 현재 15개 시리즈에 고유모델만 수백여 종에 이르는 사출성형 기술을 보유하고 있다. 1967년은 지금의 동신유압을 이끌고 있는 김병구 대표가 태어난 해이기도 하다. 2세 경영인인 김 대표는 취임 후 2012년 국내 최초로 '밸브 없는 유압식 사출성형기'를 개발해 업계에 파란을 일으켰고 최근 메탈성형기를 개발해 또 한 번 업계에 돌풍을 예고하고 있는 장본인이기도 하다. 창업주 김지 회장은 김병구 대표에게 회사 경영을 맡긴 뒤로 지난 5년 동안

단 한 번도 현장에 나오지 않았을 만큼 김 대표를 신뢰하고 있다. 실제로 만나본 김병구 대표도, 경영철학이 분명하며 에너지가 넘치는 기업인이라는 인상을 주었다.

　　동신유압이 처음부터 사출기를 만들었던 건 아니다. 창업주 김지 회장은 부전동 공구상가 자리에서 동신기계제작소라는 조그만 회사로 출발했다. 영등포공업고등학교를 나와 국제기계라는 방직기 제조회사에 다녔던 김 회장이 기계를 잘 만진다는 소문이 나면서 근처 고장 난 배의 선주들이 찾아와 기계 작동을 점검해달라는 부탁을 하곤 했는데 이런 인연이 창업으로까지 이어지게 됐다. 김 회장의 회고에 따르면, 나중에 알고 보니 기계 고장보다는 기름 청소가 안 되어 있는 경우가 훨씬 많았다고 한다. 배는 하루만 운항을 못해도 워낙 손해가 크다보니 빨리만 고쳐주면

▲ 1969년 개발 기계

비용을 더 주겠다는 식의 제의가 많았고 주로 배 관련 회사들과 선주들이 김 회장을 많이 찾으면서 펌프청소, 탱크청소 등을 전문으로 큰돈을 벌게 됐다. 그러던 중 일본에 있는 지인으로부터 유압을 잘 아니까 사출기도 국산으로 한 번 만들어보지 않겠느냐는 제안을 받으면서 사출기 제작에 본격적으로 뛰어들게 된 것이다.

사업은 무난했으나 기름과 플라스틱이 연동될 수밖에 없어 1차, 2차 오일쇼크 때는 힘든 일을 겪기도 했다. 이런 위기를 가까스로 넘긴 뒤 2차 오일쇼크 이후 80년대가 시작되면서 한국경제의 급성장과 더불어 회사도 천만 불 수출을 하게 될 만큼 성장했다. 한국의 많은 중견기업들이 이 시기에 더불어 성장했는데 필리핀은 지는 해였고 중국은 아직 떠오르기 전이라 한국과 대만

이 가파르게 성장하던 시기였다.

　　1980년대 말부터 2010년대까지는 노조 때문에 어려움을 겪기도 했다. 제조업의 노조는 기본적으로 강성인데 창립된 지 올해로 28년째인 동신유압의 노조는 1986년부터 약 5년 동안 직장폐쇄를 할 만큼 사측과 심한 갈등을 빚었다. 당시 군에서 막 제대한 김병구 대표이사가 아버지에게 인사드리러 간 곳이 정신병원이었을 정도로 김지 회장의 스트레스도 극에 달해있었다. 동신유압 뿐 아니라 국내 제조업 회사들이 전반적으로 비슷한 분위기였다. 김 대표는 이런 여러 이유로 경제가 급성장하던 80년대였지만 제대로 재투자가 이루어지지 못한 점을 지금도 아쉬워했다. 당시 한국은 유럽이나 여러 선진국의 제품을 모방하며 성장해가는 단계였는데 모방에서 창조로 넘어가기 위해서는 재투자가 절

실했다. 하지만 이 비용이 다른 명목으로 소모됐고 사람들도 나태해지면서 전반적으로 노조가 오히려 경영 윗선에 서는 시절이 온 셈이었다. 직원들도 사장보다는 노조의 눈치를 보게 됐고 관리가 안 되기 시작했다. 경쟁력은 떨어지고 재투자는 이루어지지 않았다. 요즘 중국을 보면, 내수에서 마련한 자본으로 필요한 기술을 해외에서 사들이는 방식으로 점핑해가며 다음 단계로 가고 있는데 당시 한국에서는 그런 점핑도 불가능했다. 기초투자는 안되고 대부분의 기업이 부동산 투자나 하게 되니, 직원들은 노조라는 울타리 안에서 경쟁력을 잃게 되고 사장은 사장대로 돈벌이만 생각하는 기형적인 관행들이 생겨나기 시작했다. 직원들은 열심히 일해도 보람을 얻지 못했고, 거래처에서는 정당한 원가 인상은 거부하면서도 품질은 높은 걸 원하는 모순이 일어났다. 이

▲ 중국 산업시찰

런 상황에서는 재투자를 꺼려하고 인색해질 수밖에 없었다. 기껏 좋은 기술을 개발하거나 원가절감방안을 개발해놓아도 그 이익을 대기업이 착취해가는 구조이기도 했다. 이는 요즘도 크게 나아지지 않은 상황이다.

■ '333법칙과 4관3려', 김병구 대표의 경영철학

이런 문제의식을 가지고 경영일선에 나서게 된 김병구 대표는, 개인적으로는 평등이란 말을 좋아하지만 회사 안에서의 평등은 악에 가까운 것이라고 생각하게 됐다.

　"똑같이 나눈다면 열심히 할 이유가 없어집니다. 차등해서 대우할 수밖에 없고 회사로서는 그것이 당연한 것이라고 생각해요. 흔히 사람들이 기업을 생각할 때 이분법적으로, 착취하는 사람과 당하는 사람으로만 나눠서 보게 된 것은 물론 기업주들의 잘못이 큽니다. 하지만 이런 편견만 바꿀 수 있다면 직원들도 차등 대우에 동의하고 오히려 분발하게 되는 선순환 구조가 만들어져요. 그러기 위해서는 무엇보다 기업주가 회사를 자기 사유재산이라고 생각하면 안 된다고 생각합니다. 같이 나눈다고 생각하면 상황이 많이 달라질 것이라고 믿었어요."

　　동신유압 특유의 '333 법칙'이란 것도 이런 배경에서 나온 결정이다. 333법칙이란, 동신유압이 2013년부터 실시하고 있는 제도로 회사의 순이익을 성과급과 유보금, 배당으로 각각 3분의 1씩 배분하는 제도다. 회사수익의 3분의 1을 성과급으로 돌려주는데 똑같이 나누지 않고 차등하여 어떤 직원은 성과급으로만 1천만 원 이상을 받아간다. 대표에 취임하자마자 시행한 제도로 성과와 인사고과에 따라 A부터 E까지 차등하여 지급한다. 김 대표는 직원과의 갈등을 피하는 방법에 대해 단순한 원칙을 가지고 있었다. '내가 안 가지려고 하면 싸움이 날 리 없다'는 것이다.

　　'333법칙'과 더불어 김 대표가 강조하는 또 하나의 독특한 경영철학이 있다. 이른바, '4관3려'라는 것으로 관심, 관찰, 관점, 관계라는 '사관'과 독려, 격려, 배려라는 '삼려'이다. 김 대표는 이는 회사에서만 적용되는 원칙이 아니라 친구와 가족을 포함한 일반적인 인간관계에서도 마찬가지라고 강조한다.

"직원들 뿐 아니라 가족, 친구, 하물며 여자를 사귈 때조차 마찬가지입니다. 우리가 누군가와 진실한 관계를 맺고자 한다면 꼭 필요한 것들은 보편적으로 비슷하다고 생각해요. 우선 관심을 가져야 하는 거죠. 또 관심만 가지고 있다고 해서 내팽개쳐두는 게 아니라 시간을 들여 관찰해야 합니다. 그래야 나름의 관점이 생기고 그것을 바탕으로 탄탄한 관계도 가능해지는 것이죠. 삼려도 마찬가지에요. 늘 마음에 드는 사람이 어디 있겠습니까. 일상적으로 배려하고, 좀 못하면 독려하고, 잘하면 격려하는 식으로 함께 가야 서로 성장하는 것 아닐까 싶습니다."

이런 4관3려의 경영원칙은 직원들과의 관계에서부터 변화를 가져왔다. 지금도 노조가 있긴 하지만 예전과는 완전히 다른 분위기다. 예전엔 속된 말로 '일은 안 해도 목소리만 크면 장땡'이라는 분위기가 있었다. 하지만 지금은 통하지 않는다. 직원들이 서로 끌어가는 분위기가 생기고 싸울 일이 없으니 노조위원장을 맡으려는 사람도 없다. 회사재정도 가결산되는 시점에 직원들에게 줄 수익을 가장 먼저 1월에 바로 집행해버린다. 이때는 통장에 입금하지 않고 현찰로 봉투에 넣어서 주는데 1년에 한 번이라도 집에 가서 어깨에 힘 좀 주라는 나름의 배려라고 한다. 요즘 직장인들의 월급이 유리지갑이라는 걸 잘 알기 때문에 가능한 조치다.

한편 1년 동안 동신아카데미라는 이름으로 25주짜리 학습 프로그램도 운영하고 있다. 이 프로그램을 통해, 직원들은 일주일에 한 시간 반씩 투자해 새로운 지식을 배우게 된다. 여기서도 시험을 쳐서 일정 점수 이상이 나오면 회사에서 23만원의 수당을 지급하고 여기에 본인이 10만원을 합해 5년 동안 적금을 넣어준다. 이 제도는 특히 회사 들어온 지 얼마 안 된 직원들, 장가 안 간 직원들에게 큰 도움이 되고 있다. 5년 동안 적금을 부으면 만기에 2천만 원 정도를 받게 되는데 여러 모로 유용하게 쓸 수 있는 돈

이 되기 때문이다. 현재 33명 정도의 직원이 아카데미를 듣고 있
으며 회사에서는 이들을 위해 매월 8백만 원 정도를 지출한다. 아
카데미는 퇴근 전, 내부 부서장이나 외부 강사 등을 모시고 진행
한다.

최근에는 사출기 시장을 선도하는 기업으로서 사출부품용
어집을 만들기도 했다. 젊은 직원들과 소통하려면 일단 같은 말
을 써야 한다고 생각했기 때문이다. 현장에서는 일본어를 쓰고,
누군가는 또 영어를 쓰고 하는 식이라면 소통비용이 너무 많이
발생한다. 그래서 통일된 용어집을 만들었는데 플레이스토어 등
에서 '사출부품용어집'이라고 검색하면 누구라도 이용할 수 있게
오픈했다. 고객들도 이 용어집을 참고해 소통한다. 우리말로 표
준화된 용어를 사용하는 것은 장기적으로도 중요한 일이라고 생
각한다.

또 하나 김병구 대표에게 큰 고민 중 하나는 나이 많은 직원
들이 보여주는 이른바 '꼰대 문화'였다. 회사 내 고참들이, '옛날
에는...', '내가 OO할 때는...' 등의 말을 지나치게 많이 한다는 생
각이 들었단다. 그래서 이런 문화를 어떻게 바꿀까 생각하다가
'직원자녀알바'라는 프로그램을 만들었다. 직원 자녀 중 대학생
들을 초대해 회사 일을 경험하게 하는 프로그램이다. 자기 자식
또래의 직원들이 새로 들어오니 고참들도 그들과 소통하기 위해
서는 긴장하게 된다. 동료의 자식이니 쌍욕하거나 함부로 대할

수도 없다. 자기 자식과 같이 일을 하니 우선 말이 순해지고 그 다음에 다른 젊은 신입사원이 들어와도 그런 태도가 유지된다. 결국 문화가 달라지는 것이다. 더 중요한 것은 이 자녀들이 아버지와 함께 출근한다는 것이다. 평소 대화가 많지 않던 아버지와 자식 간에 함께 지내는 시간이 많아지니 대화도 늘어나고 서로를 더 잘 알게 되는 계기가 된다. 가족이 화목해지는 것보다 더 좋은 일이 있겠는가. 매번 방학 때마다 15명 내외의 직원 자녀가 들어온다. 시급은 기준보다 1천 원씩 더 주는데 그렇게 해서라도 더 많은 자녀들이 오도록 하고 싶기 때문이다. 직원들에게는 자녀들의 등록금 문제도 큰 고민이다. 열심히 일해서 번 돈을 꼬박꼬박 모은다 하더라도 한 학기 5백만 원씩 하는 등록금은 부담스러울 수밖에 없다. 원래는 그런 배경에서 등록금 부담을 덜자고 시작

▲ 성과급

한 프로그램이기도 했지만 지금은 경제적인 것보다 문화적인 효과들이 더 크다는 걸 알게 됐다. 주당 일정 시간 이상이 되면 알바로 고용할 수 없는 법적 문제도 있어서 최근에는 정당한 임금을 주고 4대 보험을 넣기도 한다. 하지만 개인적으로는 산재보험이야 괜찮다지만 의료보험이나 고용보험까지 넣는 것은 현실적이지 못하다는 판단에 해당 부서에 건의를 해 둔 상태다.

대학생들이 중소기업에 대한 이미지도 환기시키고 아버지와 함께 일도 해보는 기회는 새롭고 좋은 기업문화를 만들 수 있는 프로그램인데 관련 법률 등은 여전히 경직된 측면이 많다. 이미 경기도 화성의 한 회사에서는 이 프로그램을 벤치마킹해가기도 했다. 중소기업과 제조업에 대한 이미지를 쇄신하는 것은 현실적으로 아주 중요한 일이다. 또 이런 프로그램은 제조업과 중소기업에 대해 사람들이 갖고 있는 부정적인 이미지를 쇄신할 수 있는 좋은 사례이기도 하다. 김 대표는, 국내에 정말 좋은 기업들이 많다는 것을 자주 강조한다. 50년, 100년씩 기업을 운영하며 고용유지를 하고 성장해간다는 것 자체가 쉬운 일이 결코 아닌데, 착취만 하는 곳 등으로 생각하는 것이 아쉽다는 것이다. 물론 그러려면 기업도 바뀌어야 한다고 본다. 특히 많이 베풀어야 한다는 것이다. 그동안은 힘들었다 하더라도 앞으로는 달라져야 한다는 게 그의 지론이다.

김병구 대표는 전국의 2세 기업인 모임에서도 중심적인 역할을 맡고 있다. 그가 보기에 대다수의 창업주는 어렵게 창업해 기업을 키웠기에 2세를 혹독하게 키우는 경향이 있었다. 여유가 좀 생겨서 돌아보면 2세는 다 컸고 손주가 생겼으니 이 3세에게 는 또 정반대로 다 해주려는 경향을 보인다. 그러니 3세로 접어들 때 기업경영이 어려워지는 경우가 많고 이것이 또 100년 기업이 나오기 어려운 이유라고 본다. 그래서 그는 2대에서 3대로 넘기 기보다 전문경영인력으로 교체하거나 사회적기업으로 만드는 방 식 등을 고민해야 한다고 본다.

■ "우리의 가치, 우리가 같이", 김병구 대표의 4대 경영원칙

김병구 대표이사와 얘기를 나누다보면 김 대표가 경영을 아 주 즐기면서 하고 있다는 느낌을 받게 된다. 그는 자신이 중요하 게 생각하는 경영원칙 4가지를 다음과 같이 설명했다. 이른바 꺼 리경영, 문화경영, 2세 경영, 지역경영이라는 키워드로 요약된다.

우선, '꺼리경영'이다. 책에서는 동기부여를 하라는 등의 얘 기가 많이 나오지만 실제 구체적인 방법이 나오는 경우는 드물 다. 직원들이 신나게 일할 환경을 만들어주려면 우선 직원들의 걱정 '꺼리'를 덜어줘야 한다는 것인데 네거티브한 '꺼리'는 덜어

주고, 포지티브한 '꺼리'는 늘린다는 게 꺼리경영의 핵심이다. 자녀의 등록금 문제도 그렇게 해결하고 있고, 학점 3.0 밑으로만 장학금을 수여하는 역발상의 프로그램도 마련했다. 동기부여장학금이라는 이름을 붙였다. 안 그래도 학점이 낮으면 본인이나 부모 모두 스트레스를 받고 돈도 더 들어가게 되는데 빈익빈 부익부가 너무 심해지면 안 되니 낮은 학점을 받으면 다음엔 더 잘하라고 장학금을 주는 것이다. 학사경고를 받은 친구들이 받아간 적도 많다. 계속 주긴 하지만 이 장학금을 2년 연속 받아가는 사람은 드물다. 그만큼 분발하는 것이다. 실제로 다음 학기에 학교에서 장학금을 받게 되면 직원들의 해외연수프로그램에도 함께 갈 수 있도록 조치하고 원하는 나라로 보내준다. 성취에 대한 보상과 성취하지 못하더라도 동기를 부여하는 식으로 계속 배려하는 것이 중요하단다. 중소기업에 다니면 뭐가 어떻다는 식의 오해도 덜어주고 공부하고 싶은 직원들을 위해 아침저녁으로 영어와 일어 수업도 개설했다. 출퇴근 시간 전후에, 열심히 하는 직원

▲ 동신유압 체육대회

들이 많이 듣고 있다. 동신유압에는 공고와 전문대를 나온 직원들이 대부분이라 학창시절에는 공부를 별로 안 좋아했던 이들이 많다. 김 대표의 생각에 이들은 머리가 안 좋은 게 아니고 활용할 방법과 기회를 못 만났을 뿐이다. 그래서 아카데미도 중점적으로 운영한다. 회사에 인재가 안 들어온다면 지금 있는 직원들을 인재로 만들면 된다는 게 김 대표의 생각이다. 의지를 북돋워주고, 의지만 있으면 되도록 해주는 회사를 만들고 싶다는 것이다. 회사에서는 25주 아카데미 외에도 전문서적이든 에세이든 책 12권을 1년 동안 읽으면 돈을 더 준다.

"따로 독후감을 내야 한다든지 하는 확인 과정은 없어요. 그냥 신뢰합니다. 읽었다고 하면 그냥 지급하는 것이죠. 조건을 걸고 하는 프로그램은 형식만 그럴싸할 뿐 대체로 유명무실하기 십상이에요. 그럴 바엔 안 하는 게 차라리 낫지 않나 생각해요."

두 번째는 '문화경영'이다. '칭찬합시다'라는 프로그램이 있는데 동신유압에서는 어린 직원들이 나이 많은 분들을 자꾸 칭찬하도록 유도한다. 그러면 어른들의 문화가 달라진다. 영업이 잘 됐으면 그 도시의 특산물, 예를 들어 포도 200박스를 직원들에게 돌린 다음 고맙다는 문자를 답신하도록 한다. 한 번 이렇게 베푸는 맛을 느끼면 긍정적인 의미의 중독이 된다는 것이다. 나아가

▲ 명절 선물 나누기

서로 건강한 관계를 맺게 된다. 각 영업소마다 시켰는데 처음엔 강제적 측면도 있었지만 영업소와 현장 간 유대관계가 아주 돈독해졌다. 이런 게 하나씩 둘씩 쌓이면 기업문화가 된다고 생각한다. 김 대표는 기업문화가 강하다는 것을 단순히 돈이 얼마나 많으냐의 문제가 아니라 직원들의 만족도가 얼마나 높은가의 문제라고 본다. 돈이 많아도 직원 만족도가 낮으면 그 기업의 기업문화는 약한 것이다.

김 대표는 연말이나 명절에 자신에게 온 선물도 추석 때는 사무직이, 설날 때는 현장직이 가져가도록 정해뒀다. 본인에게 오는 것이라 해도 자신이 대표이사이기 때문에 오는 것이고 따지고 보면 회사가 있기 때문에 오는 것이라고 생각하기 때문이다. 직원들은 모두 자기 번호를 하나씩 가지고 있는데 매월 마지막 월요일에는 복불복 이벤트를 통해 한 달에 열 명을 뽑아 상품권을 지급하고 1년 내내 한 번도 안 뽑힌 사람들에겐 또 5만원 상당의 '실망 포인트'를 지급한다. 뽑기에는 김 대표 자신도 참여한다. 소소한 재미를 통해 회사 생활이 조금이라도 즐거울 수 있도록 유도하는 것이다. 실제로 이벤트를 할 때 직원들의 표정이 아주 밝다. 자신도 직원이니 함께 복불복 이벤트를 하며 즐기는 것이다. 재밌는 직장을 만든다는 게 쉽지는 않지만 이런 아이디어를 내는 것은 스스로에게도 직장생활을 좀 더 재밌게 할 수 있는 꺼리이다.

김 대표는 '가족기업'이나 '가족 같은 기업' 같은 말을 별로 좋아하지 않는다. 직원과 대표는 계약관계이고, 정당한 대우를 안 해주면 직원이 일을 안 하는 것도 당연한 것이라고 본다. 다만 함께 일하는 동안만큼은 화목하게 지내자는 쪽이다.

"나는 경영하는 사람이지, 아버지가 아닙니다. 가족 같은 기업이라는 말은 여러 가지 부조리한 상황을 뭉개고 지나가게 만드는 측면이 있어요. 회사가 정당한 대우를 안 해주는데 직원이 열심히 일해야 할 이유가 없습니다. 그 역도 마찬가지고요. 그렇게 깔끔하게 정리된 관계 위에서 출발해야 다른 미덥지 않은 감정적 소모가 일어나지 않는다고 봅니다."

세 번째는 2세경영이다. 그는 국내 2세경영인들의 모임에서 멘토 역할을 하고 있다. 모임 내에서도 왕고참에 속한다. 30대 초반부터 더 어린 2세 경영인도 있는데 이들이 창업주와 겪는 갈등에 대해 조언을 해주곤 한다. 자수성가한 창업주들은 하나 같이 고집이 세다. 물론 모든 현상에 양면이 공히 존재하듯이, 그런 고집이 없었다면 성공할 수도 없었을 것이다. 하지만 그처럼 고집도 세고 주관이 뚜렷하다보니 2세들과 트러블이 많을 수밖에 없다. 2세들은 나름대로 열심히 해도 인정을 못 받고 늘 누군가와 비교되다 보니 스트레스를 많이 받는다. 이들의 스트레스와 갈등, 현실 등에 대해 멘토 역할을 하며 가이드라인을 제시해주기

도 하는데 이는 곧 김 대표 자신이 겪었던 일이기도 하다. 힘든 일
이지만 이를 잘 극복하면 더 크게 성장할 수 있는 계기이기도 한
데 많은 이들이 어떤 지점에서 회피하거나 포기하는 게 안타깝다
고 했다. 그러면 부모와의 사이도 멀어지고 서로에게 안 좋은 결
과로 이어질 수밖에 없다. 그래서 모임 내의 역할에 적극적으로
나서는 편이다. 그는 어른들은 어찌할 수 없지만 2세들은 가이드

265

할 수 있다고 본다. 이런 활동을 적극적으로 시작한 지도 어느덧 7년이 흘렀다. 2007년에 차세대CEO모임이 만들어졌는데 전국 단위 업력 20년 이상 된 회사의 2세들이 모여 있다. 총 6백여 개 회사가 모인 한국장수기업협회의 초대 회장을 맡아서 지금도 활동 중이기도 하다. 중소기업청 관할 (사)한국장수기업협회는 부산차세대기업인클럽 등 전국 16개 지부가 다 모여 만든 단체이다. 대체로 사단법인이라면 이익단체 쯤으로 보지만 기업 활동을 통해 얻은 수익을 최대한 환원하고 돌려주자는 취지로 활동하고 있기 때문에 산업자원부나 중소기업청에서도 새롭게 보고 있다.

이 단체는 사단법인 회장이 공금을 못 쓰게 되어있고 활동을 할 때 자비를 써야 한다. 하지만 그렇게 해야 싸울 꺼리가 줄어든다는 생각이다.

마지막으로 부산이라는 지역을 얘기하지 않을 수 없다. 김 대표가 보기에, 부산의 경영환경은 많이 폐쇄적이다. 부산은 장수기업이 가장 많은 도시다. 전쟁이 끝나고 부산에 피난 왔을 때, 이곳에서 군수물자 등을 만들며 시작한 회사가 많기 때문이다. LG, 제일제당(삼성) 등 대기업들은 다 부산에서 시작했다가 떠난 케이스지만 중소기업은 여전히 많이 남아있다. 부산에 이처럼 장수기업이 많다는 것은 동시에 보수적이고 폐쇄적인 분위기가 그만큼 강하다는 얘기이기도 하다. 다른 지역과 교류하거나 다른 지역으로 확장하는 경향은 부족하고 지금 이대로 간다는 분위기가 팽배한데 젊은 기업인들에게서조차 이런 경향이 많이 보인다. 창업주의 보수적 경향이 2세들에게도 그대로 이어지고 전반적인 경영 태도나 아이템 등에서도 트렌드를 못 따라가고 있다는 느낌이다. 이런 분위기 속에서 원래 외향적 성격에 뉴욕 등 외국에서 오래 지낸 김 대표는 좀 별종처럼 보일 정도다.

부산은 최근 들어 제조업보다는 창조경제, 센텀시티 등에만 신경을 쓰고 있는 분위기다. 하지만 솔직히 말해 영화영상, 창조경제혁신센터 등이 생긴다 하더라도 서울에서 데리고 오면 여전히 비용이 더 싸다. 부산에서 촬영은 하지만 부산 사람을 쓰는 게 더 비싸면 안 쓰게 된다는 것이다. 기업주 입장에서는 문화서비스에 있어서는 여전히 서울 사람들과 일하는 게 비용이나 결과물 측면에서 더 낫다고 보고 있다. 그렇다면 정말 부산에서 잘 할 수 있는 게 뭔지를 찾아야 하는데 그런 장기적인 전망은 없는 것 같아 아쉽다.

또 하나, 김 대표는 제조업 기반의 기업인으로서 시나 정부로부터 혜택을 바라진 않지만 무시는 하지 않았으면 좋겠다는 생각을 가지고 있다. 역사를 가진 기업들과 전통 제조업을 무시하면서 훌쩍 다른 산업들을 유행처럼 좇거나 안정적 계획 없이 이벤트처럼 정책을 실행하는 것은 바람직하지 않다고 본다. 부산의 제조업과 지역의 전통 있는 기업들은 충분히 존중받을 만한 역량을 가지고 있다. 이들이 가진 역사, 전통, 문화, 다양한 유산들을 잘 활용했으면 좋겠고 자랑스럽게 여겨줬으면 좋겠다는 바람을 가지고 있다.

"네거티브 프레임을 통해 다른 걸 돋보이게 하려는 것보다는 포지티브한 쪽으로 상상하도록 유도하는 것이 옳은 방향이라고 봅니다. 다른 것을 비하함으로써 돋보이는 것은 세련된 방식도 아니잖아요. 좋은 걸 듣고 보면 좋은 상상을 하게 되고 실제로도 좋은 일로 이어지는 것 아닐까요. 문화서비스는 그 나름대로 좋은 것이지만 이미 전통과 역량을 갖춘 부산의 제조업 기반 기업들 역시 지역의 소중한 유산이고 이야기꺼리입니다."

언젠가부터 부산의 인재들이 다들 동부산권, 센텀 등으로만 몰리고 있다. 부산의 제조업은 4D라고 해서 기존의 3D에 '거리 (Distance)'까지 포함된 신조어의 대상이 되었다. 물론 젊은이들 만 탓할 일은 아니다. 기업주들도 바뀌어야 할 일이다.

"센텀으로 가려는 이유가 무엇일까요? 환경이 좋기 때문 아닐까요? 깔 끔하고 세련된 느낌이 좋다는 것인데 제조업 한다고 해서 그런 환경을 못 만드는 것도 아닐 겁니다. 전통적인 제조업에 대한 이미지를 쇄신하는 것 도 기업주들의 역할이라고 봐요. 대표가 벤츠 타면서 직원들의 차고나 위 생, 복지 등에는 신경을 안 쓰면 아무도 오려 하지 않는 게 당연한 시대가 됐죠. 일할 수 있는 환경을 만들어주면 그게 돌아서 다 회사로 온다는 생 각은 지금도 확고합니다. 그래서인지 지금 동신유압에는 20대와 30대 초반 등 연령대의 직원이 반 이상이기도 해요. 반면 모두가 주목하는 영 화영상 쪽의 예만 봐도 그 연봉 수준 등을 보면 아직은 산업이라 말하기 에 좀 부족한 게 아닌가 싶습니다. 제가 잘 모르긴 하지만, 그래도 우리나 라 문화 판은 돈은 적게 주면서도 좋아하는 일 배우러 온 거니까 오히려 감사하라는 식의 잘못된 분위기가 여전히 강하게 자리 잡고 있다고 느껴 집니다. 그런 취업 자리는 많이 만들어봐야 도움 되지 않아요. 삶의 질 수 준이 말이 아니잖아요. 그러면서 전통제조업을 무시하는 식의 트렌드는 받아들이기 힘들죠. 동신유압은 가장 낮은 연봉이 2천 4백만 원 정도입니다. 여기에 성과급 등을 합하면 대체로 3천이 넘어가요. 새로운 시대가 요구하는 산업과 서비스에 대해 발 빠르게 대응하는 것도 좋지만, 정작 그 산업에 종사하는 이들의 구체적 삶의 질은 어떤지 살펴봐야 할 일이라고 생각합니다."

■ 화려한 것보다는
본질

김 대표가 평소 직원들에게 자주 묻는 질문이 있다고 한다. 진, 선, 미에 관한 것이다. 제품으로 따지면 기능과 품질이 진이고, 착한 가격이 선이며, 아름다운 디자인이 미다. 이 모든 것을 갖춘 한국제품은 뭐가 있을까. 독일이나 유럽은 품질과 디자인에서 앞서고 중국은 싼 가격으로 경쟁력을 확보하고 있다. 우리의 경쟁력은 무엇일까. 한국이 가야할 길은 어디에 있을까. 이런 질문들이다.

지금 한국은 대부분의 산업에서 껍데기만 만들고 있는 실정이다. 제품 안에 들어가는 파이프니, 부속품 등은 모두 수입산이라는 것이다. 하지만 이 부속품들이 없으면 어떻게 될까. 자동차만 해도 이제 현대가 엔진을 만들고 있지만 그 밖의 부품 대다수가 외국에서 만들어진 것이다. 이런 상황에서 한국의 기업들은 무엇을 하고 있는지 진지하게 자문해봐야 한다. 대다수의 사람들이 화려하고 보기 좋은 것에 눈을 뺏기는 것은 당연하다고 생각한다. 하지만 시나 정부 등 책임 있는 곳에서까지 그렇게 한 쪽으로 쏠리는 것은 바람직하지 않다. 또, 화려하고 보기 좋은 것들도 제조업의 기반 없이는 불가능하다. 피상적인 흐름보다는 본질에 주목해야 단단한 발전이 가능하다는 얘기다.

오늘날 자녀를 키우는 부모들도 화려한 것에만 눈이 가 있기는 마찬가지다. 곱게 키운 아들딸이 중소기업 현장 직에서 일한다고 하면 좋게 생각하지 않는 분위기다. 일면 이해도 가고 부모들의 마음에 공감할 수도 있다. 그러나 그럴수록 김 대표는 제조업 현장직의 일자리가 풍요롭고 즐거운 곳이 될 수 있도록 지혜를 짜내야 한다고 생각한다. 그래서 마침내 보통 사람들이 가진 제조업에 대한 편견과 오해가 풀리고 그 위상도 제자리를 찾게 될 때, 그 때라야 비로소 진정한 경제와 산업에 대한 큰 그림을 얘기할 수 있으리라 생각하고 있다.

사출 성형기 국내 생산 1위 업체인 동신유압은 오는 2018년 초 코스닥시장 상장을 준비하고 있다. 기업문화에 대한 새로운 시도들로 명실 공히 '기업가정신 3.0'의 모델이 되고 있는 동신유압이 이제 공장을 진해로 이전해 진해시대의 개막을 앞두고 있다. 또 한 번의 도약을 계기로 한국과 부산 지역의 기업문화 전반에 신선하고도 창의적인 활력을 불어넣어주길 기대해본다.

동신유압은 부산광역시 사상구에 위치한 세계 제일의 사출성형기 제조업체로 1967년 설립된 부산의 명문장수기업이다. 2011년 김병구 대표이사 취임 이후 동신이엔텍과 이스프전자를 설립하여 환경 분야 및 자동차, 항공 우주 분야 등 최첨단 전자 분야에도 사업 영역을 넓히고 있으며, 경쟁력 있는 제품 생산을 위해 기술 개발에 투자하고 있다. 연매출 500억 원대에 상시 종업수 150명 규모의 회사이며 부산 본사 및 공장을 비롯해 서울, 수원, 부천 등 국내 영업소 및 출장소와 러시아, 중국, 인도, 이스라엘, 영국, 독일, 이탈리아, 남아공, 에티오피아, 뉴질랜드 등 해외 수십 개의 영업소를 갖추고 있다.

철학이
있는
도시
,
영혼이
있는
기업

국제시장에서
해운대까지

제3부
철학이 있는 도시,
영혼이 있는 기업

도시와
기업

　도시는 사람이 살기 위해, 사람이 만든 공간이다. 따라서, 도시는 사람의 전 생애와 관련된 다양한 요건들을 충족해야 한다. 사람이 태어나 교육받고 성장해 결혼하고, 또 아이 낳고 살다가 죽기까지 과정을 담아내야 한다. 이 모든 과정은 1차적으로 정서적 조건보다는 물질적 토대가 전제되지 않으면 성립할 수 없다. 그런 측면에서 본다면, 사람의 일생에서 가장 중요한 것은 "일자리"이다. 무항산(無恒産)이면 무항심(無恒心)이라 했다. 생산이 일정하지 않으면 마음이 항상 흔들린다는 의미일 것이다. 즉, 일자리가 있어야 먹고 살아 갈 수 있는 토대가 마련된다는 말이다. 그래서, 일자리란 사람의 생존을 위한 최소한의 조건이라 한다. 뿐만 아니라, 안정적인 양질의 일자리가 확보될 때 사람은 비로소 생존을 넘어 행복으로 갈 수 있는 전제 조건이 마련될 수 있다. 일자리는 기업이 창출하고, 사람은 노동을 제공한다. 기업과 노동이 화해롭게 만날 때 도시는 성장하고 시민은 행복으로 갈 수 있다. 가난한 채 행복할 수 있는 사람은 많지 않다. 마찬가지로, 기업이 시들한 도시에 재화가 축적될 리도 없다. 재화가 고갈된 도시의 성장이나 발전은 불가능하다.

　지독한 가난으로부터 벗어난 지 불과 수십 년 만에 지금과 같은 부를 누릴 수 있는 대한민국이 만들어진 것을 두고 퍽이나 다행스럽다 해야 할까? 일제강점기의 혹독한 착취와 수탈을 당하고 곧 이어 터진 6·25로 황폐화된 대한민국에서, "잘살아 보세"를 외치며 이를 악물고 "조국근대화"에 열과 성을 다 바쳤던 지난 수십 년의 세월이 있었기에 오늘만큼의 부가 만들어졌을 것이다. 지난 60년대, 70년대, 80년대 시민들은 허리띠 졸라매고 그렇게 살아 왔다. 그런 면에서 부산의 기업들이 지금까지 부산과 대한민국을 먹여 살려 왔다고 자부할 만하다. 수없이 명멸해간 부산의 기업들이 없었더라면 오늘의 부산과 부산시민, 나아가 대한민국이 없었을지 모른다. 그러나 어찌 사람으로 태어나 빵만으로 살 수 있으랴! 지난 백년의 격동세월 속에서 우리는 가난에 대한 강박증에 매몰되어 맹목적인 성장주의에만 편승했었던 것은 아닌지 되돌아보아야 한다. 가난을 벗어나기 위해서라면 주린 배 움켜쥐며 '크기'나 '높이'나 '빠르기'에만 매몰되어 무슨 짓이건 마다않고 너무 악착같이 살아 왔던 것은 아닌지? 그래서 지난 수십 년 동안의 산업화가 우리들의 삶에 풍요를 가져다 준 것이 사실일지 몰라도, 과연 거기에 비례해 우리의 행복의 양도 증대되었는가? 넓은 아파트, 세련된 승용차, 적당히 문화적인 여가생활, 가족 외식이나 해외여행 등을 누리며 행복한 삶이라 여길지 모른다. 그럼에도 불구하고 우리들 가슴 한편에 허전하고 비어있는 무엇인가가 있다면 그것이 무엇일까?

사람의 성장, 교육, 문화, 산업, 일자리에는 철학이 있어야 한다. "무엇이 중요한지"에 대한 사회적 공감과 이를 실천하기 위한 합의가 있어야 한다. 이를 위해서는 도시를 이루는 행정과 조직, 공간구조와 사회적 구성 등에서 합의된 공동의 목표가 있어야 한다. 상호약탈적으로 속도(速度), 고도(高度), 강도(強度)만을 추구하면서 지독한 경쟁에 매몰되던 과거와는 결별을 서두를 때가 되었다. 우리의 시대정신이 이미 "아름답고 행복하고 선(善)한 삶"이라는 도시공동체의 새로운 가치를 요구하고 있다. 이러한 시대정신을 지닌 도시, 철학이 있는 도시를 꿈꾸는 시민들은 얼마나 행복할까! 도시 전체가 가치 전환을 통해 안전, 공존, 배려, 평화, 행복으로 동행할 수 있다면······

기업도 마찬가지이다. 상상했던 모든 것이 이루어지는 스마트한 세상이 도래하고 있는 지금, 기업경영 역시 지금까지와 같은 쾌속 질주에서 천천히 속도를 줄여 "서행"으로 다시 "정지"로 전환하면서 노동과 휴식이 화해로운 하모니를 이룰 수 있도록 조정해야 할 시점이다. 이는 인간을 재발견함으로써 획득될 수 있을 것이다. 그렇게 해야 "상품팔이 경영"에서 "가치공유의 경영"으로 전화할 수 있을 것이기 때문이다.

오늘날 우리 사회는 고질적인 병폐들로 큰 시름을 앓고 있다. 권력과 부의 편중은 상상의 도를 넘었고, 정신적 가치나 도덕적 규범의 타락도 상규를 벗어난 지 오래다. 이른바 사회지도층 인사들의 탐욕과 만용은 공생공존 해야 할 같은 나라의 국민조차 부정할 정도가 되었다. 1%의 선민(選民)들이 99%의 국민을 개돼지 취급하는 나라가 되어 버렸다. 갑질도 이 정도면 치유불가 상태라 여겨진다. 못 가진 자들의 질곡 역시 치유되기에는 애시 당초 글러 먹은 듯하다. 여전히 대물림되는 가난이 있고, 빈부격차는 더 이상 회복될 수 없을 정도이다. 이른바 총체적 난국이다.

벌써 2년전의 일이 되었다. 수학여행 가던 학생과 교사 등 339명을 비롯해 모두 476명을 태우고 제주도로 향하던 세월호가 진도앞바다에서 침몰했다. 수많은 의혹과 비리를 감춘 채 여전히 물속에 수장되어 있는 세월호가 곧 인양된다는 소식에 또 다시 심란해진다. 생때같은 17살 고등학생들이 깔깔거리다가 그대로 수장된 장면들이 너무도 참혹해 차마 다시 회상하고 싶지도 않은 야만스런 사건이었다. 아직도 풀리지 않는 수수께끼를 품고 있는 세월호는 대한민국의 총체적 난국을 드러내는 생짜배기 민낯이었다. 구조매뉴얼은 깡그리 무시한 채 "가만히 있으라"는 방송만 하다가 승객들을 그대로 수장시킨 까닭이 도대체 무엇이었는지? 왜 선장은 승객구조에 앞서 제가 먼저 살겠다고 팬티바람으로 도주해야 했던지? 구조한답시고 나타났던 헬기나 해경경비정은 왜 시도도 않고 바로 퇴각했는지? 도대체 그 배에 승객들 외에 무엇이 실려 있었던 것인지? 멀쩡하던 배가 왜 갑자기 급변침을 해야 했고, 그렇게 순식간에 침몰할 수 있었던 것인지? 당시 다른 배들

은 모두 취항을 연기했는데도 불구하고 왜 하필 세월호만 출항해
야 했던 건지? 그 외에도 너무나 많은 의혹들이 있다. 소유권 문
제, 불법개조와 관련한 선급과의 커넥션 문제, 정치권력과 청해
진 해운과의 이해관계 문제, 구원파와의 관계문제 등등. 세월호
의 침몰은 마치 침몰하는 대한민국을 상징하는 하나의 장면으로
회자되었다. 특히, "팬티만 입고 도주하는 선장"의 모습에서 비
열하고 무책임한 대한민국의 지도층을 연상하게 되어 지금도 밥
맛이 없어진다. 사정이 이러한데도 불구하고, 일부의 정치인들이
나서서, "여행가다 당한 교통사고로 숨진 사람들을 가지고 시체
장사를 한다"고 매도했다. 만약 그들의 자식들이 당했더라도 그
렇게 말했을까? 후안무치도 이쯤 되면 인간이기를 포기한 것 아
닐까!

침몰하는 대한민국의 징조는 이뿐만이 아니다. "미안하다"
는 글과 함께 자신들의 장례비를 남기고 자살한 세 모녀, 임신한
아내에게 먹일 크림빵을 사가지고 귀가하던 남편을 치고 달아난
뺑소니 운전자, 제 때 밥을 안 먹는다고 상시적으로 폭행을 가한
유치원 교사, 땅콩을 봉지 째 서비스했다고 타고 있던 비행기를
회항시킨 기업 2세, 대리점과의 노예계약을 당연시하는 우유회
사, 2억짜리를 40억에 구매하고 리베이트를 뒷돈으로 챙긴 군 장
성, 제자를 성폭행하는 교수, 국민 99%를 개돼지라 여기고 "신분
제가 부활해야 한다"고 큰소리치는 교육부 고위관료, 국정을 팽

개치고 집이나 매매하는 장모를 따라다닌 청와대 수석 등. 위에서 아래까지 어찌 이다지도 엉망진창일 수 있을까? 인간의 존재조건이나 격(格) 따위는 차치하고 기본적인 예의염치조차 실종된 우리 사회. 탐욕과 물질만능, 몰염치로 점철된 대한민국에 과연 사람의 타고난 품성인 사단칠정[1]이 있기나 한 것일까?

오늘날 대한민국의 총체적 위기와 난국을 표상하는 지표들은 너무도 다양하다. 거기에는 "문명의 지표"보다는 "야만의 지표"가 훨씬 많음을 솔직히 시인해야 한다. 자살율, 교통사망률, 산재사망률, 당뇨 사망율, 심근경색 사망율, 실업율, 저임금 비율, 저출산율, 이혼율, 공교육비 민간부담율, 노동시간, 학업시간 등은 하나같이 OECD국가 중 1등하는 것들이다. 결코 자랑스러울 수 없는 1등이다. 꼴찌인 지표들도 많다. 사회안전망, 공공사회복지지출, 더 나은 삶의 지수, 삶의 만족도, 공공의식 부재로 인한 사기업의 독점재벌화, 행복지수 등……. 결코 꼴찌여서는 안 될 지표들이 여지없이 꼴찌인 나라. 이런 것들이 행복이나 평화와는 거리가 먼 야만의 지표들이다. 이런 지경이니 청년들이 제 조국을 "헬 조선"이라 부르지 않는 것이 더 이상하지 않을까?

---

[1] 이른바 사단(四端)이란 인(仁)의 실마리인 측은지심(惻隱之心), 의(義)의 실마리인 수오지심(羞惡之心), 예(禮)의 실마리인 사양지심(辭讓之心), 지(知)의 실마리인 시비지심(是非之心)을 말하고, 칠정(七情)이란 예기(禮記)에 나오는 사람이 갖고 있는 일곱 가지 감정, 즉 희(喜)·노(怒)·애(哀)·구(懼)·애(愛)·오(惡)·욕(欲)을 말한다.

사람과 사람사이의 배려가 상실되고 생명이 경시되는 사회는 공존공생의 논리가 뿌리내릴 여지가 없다. 정신이 빈곤한 사회, 철학이 부재하는 도시는 필연적으로 물질에 매몰될 수밖에 없다. 도(道)가 상실되었기 때문이다. 이런 사회에서 가장 절실한 것이 바로 인문정신(人文精神)의 회복이다. 기업의 경영에도 인문정신의 회복이 절실하다. 이제 더 이상 정신적 가치가 아니라 물질적 부만을 추구하는 개발주의나 성장주의를 벗어나 새로운 단계로의 진화가 필요하다. 아울러 국가가 주도하던 개발독재를 벗어나 창조적이고 자유로운 발전으로 진화해 가야 한다. 지금이야 말로 야만과 문명을 가로지르는 이성의 삶, 영혼의 삶이 절실한 시점이다.

유상(儒商)의 경영학(經營學)

이번 연구 과정에서 우리가 만나본 기업인들로부터 들어본 기업경영의 핵심가치는 결코 다르지 않았다. 이들이 가장 많이 제시한 핵심가치의 키워드를 정리하면 다음과 같다. 가족, 정(情), 우애, 이인위본(以人爲本), 성실, 신뢰, 화목, 신념, 관심, 관계, 사회공헌 등 ……. 이는 우리 사회의 일상생활에서도 많이 사용되는 윤리도덕이나 인간관계 규범의 개념들이다. 이러한 개념을 통해 이들 기업이 기업 내 구성원들 간 관계를 전통사회의 유가규범에 근거하고 있고, 관계형성의 구체적인 원리나 원칙을 전통 유가에서 차용하고 있음을 확인할 수 있다. 물론 봉건사회가 타파되고 현대 민주주의사회가 건설된 지 오래인 오늘날, 다분히 봉건적 색채가 밴 유교질서가 기업경영에 과도한 영향력을 미친다면 바람직한 현상만은 아니다. 그러나, 유가적 정신이나 규범 그리고 원리가 현대 기업경영에 차용된다는 것은 매우 의미 있고 어쩌면 당연한 결과일지도 모른다. 왜냐하면, 우리 사회 전반에 아직은 전통 유교의식이 깔려 있기도 하거니와, 한국적 기업정신 속에 알게 모르게 유가적 덕목이 깊이 자리하고 있기 때문일 것이다. 지금은 다소 낯선 개념이 되어버렸지만, "아시아의 네 마리 용(Four Asian Dragon's)"이라 칭하며 아시아 각국의 고도 경제성장의 경이에 대해 한창 떠들 때만 하더라도 전 세계적 관심이 유교자본주의(儒敎資本主義), 유상(儒商), 유가전통, 유가정신 등에 집중되어 매우 무겁게 다루어지던 주제였었다. 오늘날, 다시 부산 기업들의 기업가 정신을 논하는 자리에서 유교 전통에서 추출한 핵심가치나 원칙 등을 정리해 보는 것도 충분히 의미 있는 일이라 여긴다. 이것이 오늘날 새로이 주목받고 있는 유상정신(儒商精神)이기도 하기 때문이다. 때문에 우리는 이 시대가 요구하는 진정한 기업가 정신을 전통 유가적 관점에서 찾아보기로 한다.

주지하다시피 유가 전통에서는 사농공상(士農工商)이라 해서, 벼슬길에 나아가는 것을 최고로 치는 반면 장사치를 가장 하대해 왔다. 심지어 기술자인 장인들보다도 낮게 평가했으니 부를 창출하는 원천인 상인들이야말로 억울하기 짝이 없었을 것이다. 하지만, 이는 악화가 양화를 구축하듯 이후 그렇게 변질된 풍조로 고착화된 이미지일 뿐 전통 유가에서 상공인을 천대했었던 것은 아니었다. 사실 중국에서는 오래전부터 상인 숭상의 전통이 매우 뿌리 깊게 존재해 왔었다. 예를 들어 보자. 공자의 10대 제자 중 가장 총애 받던 자공(子貢)이 탁월한 상인이었다는 얘기는 잘 알려진 사실이다. 공자보다 31살 연하였지만, 예리한 현실감각과 정치적 수완, 탁월한 언변, 경제적 능력, 마당발 인맥으로 공자의 총애는 물론 나중에 노나라와 위나라의 재상으로 이름을 날리기도 했었다. 특히 그는 막대한 부를 바탕으로 가난한 공자가 가장 신뢰하는 경제적 스폰서였다는 사실로 더욱 유명하다. 공자뿐만 아니라, 진정한 유가의 전통은 결코 상공인(商工人)을 천대하거나 멸시하지 않았었다. 또 다른 예도 있다. 춘추시기 초나라(楚國)에 도주(陶朱)라는 사람도 있었다. 유명한 정치가이면서 군사가, 도학자, 경제학자였는데, 후세 사람들은 그를 일컬어 상성(商聖)이라 칭하기도 했다. 상업의 성인이라는 극찬이다. 오늘날에도 그의 고향인 하남(河南) 지역에 가면 그의 조각상을 세워 재물신(財物神)으로 추숭하고 있는 것을 확인할 수 있다. 도주의 어린 시절은 찢어지게 가난했었다. 그러나 타고난 머리가 워낙 박학다식해 수많은 세력가나 원로들과 교유했었고 나중에는 월국(鉞國)의 구천(句踐)을 보좌해 마침내 나라를 구하기까지 했다. 그후, 천하를 주유하며 상업을 크게 일으켜 거부가 되었다. 후대 사람들이 그를 일컬어, "충성으로 나라를 위하고, 지혜로 제 한 몸 건사하고, 상업으로 부를 일으킴으로써 천하에 이름을 드날렸다(忠以爲國, 智以保身, 商以致富 ,成名天下)"라고 칭송해 마지 않고 있다.

　중국의 전통 속에는 이처럼 유가 정신을 계승한 수많은 상인들이 대를 이어 오고 있다. 이들을 일컬어 유상(儒商)이라 한다. 즉, "유가적 전통 덕목을 계승하면서 진실한 상행위를 통해 재부(財富)를 이루고 나아가 자신의 재부를 통해 이타적 실천을 하는 상인"을 말한다. 이들이 활동했던 근거지나 출신 지역에 따라 휘상(徽商), 진상(晉商), 회상(淮商), 민상(閩商), 침상(郴商)[2] 등으로 지칭한다. 이들은 유가의 "인(仁), 의(義), 예(禮), 지(智), 신(信)"을 바탕으로 "성신(誠信)" 즉, 성실과 신뢰를 실천한다. 그도 그럴 것이, 유상은 대부분 덕(德)으로 입신(立身)하고, 이(利)를 의(義)와 동일시하고, 선의의 경쟁에 능하고, 이인위본(以人爲本)

---

2) 안휘성, 산서성, 복건성, 호남성 등을 근거로 활동했던 상인 집단.

의 원칙을 실천하고, 혁신 의식과 능력을 구비하고 있다. 오늘날 대만이건 홍콩이건 심지어 대륙이건 세계적인 대 기업가가 중화권에서 대거 출현하는 이유는 이러한 중국 특유의 유상전통에 기인한다고 볼 수 있다. 몇 년 전 작고한 홍콩의 거부 싸오이푸(邵逸夫 : 1907-2014)를 예로 들어 보자. 그는 1907년 저장(浙江) 성 닝뽀(寧波)에서 태어났지만, 지독한 가난이 싫어 어린 나이에 고향을 등지고, 홍콩으로 건너가 천신만고 끝에 영화산업으로 큰돈을 모았다. 중국의 록펠러라고나 할까. 막대한 재산을 어디에 쓸까 고민하다가 마침내 그는 중국 전역의 3천 여 곳에 자기 이름을 딴 도서관 "이푸로우(逸夫樓)"를 기증해 오고 있다. 뿐만 아니라, 매년 사회공익사업에도 출연해 자선사업으로만 수조 원을 기부한 것으로 알려져 있다. 2002년부터는 당해년도의 수학, 생명과학, 의학 및 천문학 등 분야에서 세계에서 가장 탁월한 성과를 낸 과학자에게 상을 시상해 오고 있다. 이른바 동방의 노벨상이라 불리우는 "싸오이푸(邵逸夫) 상"이다. 그에게서 확인할 수 있는 것도 재부를 사회에 환원한다는 철학이다.

재부의 사회적 환원이라는 유상 전통이 꼭 중국에만 있는 것은 아니다. 최근 미국의 거부 저크버그도 자신의 재산 95%를 사회에 내어 놓겠다고 해서 언론의 주목을 받았었다. 세계 최고 정상에 있는 경영자들의 로망이 "워렌 버핏과 함께 하는 한 끼의 점심 식사"라고 할 정도로 추앙받는 경영의 귀재 워렌 버핏이 지난 2006년부터 10년간 기부한 금액만 총 25조 이상에 달한다. 빌 게이츠나 유명한 펀드매니저 조지 소로스, 경영인이자 정치가인 마이클 블룸버그 등 수많은 재력가들 역시 앞 다퉈 재산을 사회에 기부한다. 이들의 기부는 보통 연간 수백억에서 수천억에 달한다. 그들이 내어놓는 기부의 규모가 천문학적 금액이라는 데에 일단 기가 죽는다. 기부 금액의 규모 차이만큼이나 그들이 존재하는 사회적 배경도 또한 다르다. "부자는 자신의 힘을 선행을 베푸는 데 더 써야 한다"라고 한 앤드류 카네기나 "돈을 더 많이 버는 것이 나의 의무이다. 또한 그 돈을 이웃들을 위해 쓰는 것 또한 의무이다"라고 한 록펠러 등 재물에 대한 사회적 의미를 깨달았던 그들 선배들의 철학이 사회적으로 통용되는 보편적 기업가 정신으로 자리 잡았기 때문일 것이다. 아마도 이는 재부(財富)를 바라보는 인식의 차이에서 오는 것은 아닐까? 버핏이나 게이츠에게 영향을 받은 중국의 무비 스타 청룽(成龍)도 상당 금액을 기부하고 있다. 그 역시 자식에게 "능력이 된다면 직접 벌어 쓰라. 그렇지 않으면 방탕해질 것이다"라고 하면서, 자신 사후에 전 재산을 사회에 환원하겠다고 서약한 바 있다. 우리나라에서도 최근 재산의 사회적 환원이나 기부문화가 움트고 있는 듯하다. 1억 이상 기부한 아너스 소사이어티 멤버들도 늘고 있다. 그러나 미국 등 서구에 비해서는 턱없이 부족한 형편이다. 재물 상속을 당연시하는 동양적 사고에 비춰 볼 때, 청룽에게 있어서 재산의 자식

상속 거부는 매우 곤혹스런 결정이었을지 모른다. 재물의 사회적 환원에 더 치중하는 서구 사고와 재물의 부자(父子)계승에 치중하는 동양 사고와의 차이는 어디에서 근원하는가? 또 그것이 낳은 동서양 경제사회의 차이는 과연 무엇인가? 그것이 경제발전에 미치는 긍부정적 영향은 과연 무엇일까 등등은 단연 대단히 흥미로운 주제이긴 하지만 여기서는 차치하기로 한다.

그러나, 이러한 우리의 문제의식은 지금 우리가 다루고자 하는 유상 전통에 고스란히 녹아 있어 답을 얻은 듯하다. 유상들이 스스로 드러내고 있는 기업경영 형태를 보다 구체적으로 들여다보면 다음과 같은 특징을 지닌다. 첫째, 성숙한 문화의식구조로 품격 높은 문화형 경영을 한다. 둘째, 유가 전통 사상을 기업의 생존·발전 이념에 용해시켜 품위와 원칙을 준수한다. 셋째, 인애(仁愛) 사상으로 구축된 배려의 정신으로 따뜻한 기업환경을 조성하고, 바깥으로는 광범한 인적 네트워크를 구축한다. 넷째, "진정성이 없으면 사람이 존재할 수 없고, 진심이 없으면 기업이 존재할 수 없다"는 성신(誠信) 정신을 기업의 생존과 발전의 근거로 삼는다. 다섯째, 현(賢 : 어짐, 현명함)을 인사의 원칙으로 삼는다. 여섯째, 유상풍도(儒商風度)[3]를 준수한다. 일곱째, 예의를 추구해

---

3) 유상풍도란《논어(論語)》에 나오는 "군자유구사(君子有九思):시사명(視思明), 청사총(聽思聰), 색사온(色思?), 모사공(貌思恭), 언사충(言思忠), 사사경(事思敬), 의사문(疑思問), 염

야 한다.

　위에 든 개념들 중에서도 가장 핵심인 "유상풍도"와 관련해
서는 공자시절에도 많은 토론이 있었던 듯하다.

> 　어느날 자공(子貢)이 공자께 물었다. "스승님! 가난하지만 아첨하지 않
> 고, 부귀하지만 교만하지 않다면 어떠한지요 ? "
> 　공자가 말하기를, "좋다. 하지만, 빈궁하면서도 낙관함만 못하고, 부귀
> 하지만 예를 차릴 줄 아는 것만 못하니라."[4]

　이 일화는 즉, 부귀영화보다는 예의염치를 더 높이 여겼다
는 얘기다. 이상과 같이 중국의 유상 전통에는 유교가 지키고 가
르쳐 왔던 2천년 전통의 덕목이 녹아 있다. 이러한 유가 전통의
토대는 다름 아닌 인(仁), 의(義), 예(禮), 지(智), 신(信)의 덕목이
다.

　사난(思難), 견득사의(見得思義)를 일컫는 말이다. 즉, "군자에게는 명심해야 할 아홉 가
지가 있거늘 군자가 이것을 명심해 준수한다면 이루지 못할 사업이 없을 것이다." 라고 한
데서 나왔다. 여기서 "군자유구사"란 즉, "사물을 관찰하거나 문제를 다룰 때 대충 건성으
로 보아 일을 그르치지 않게 명확하게 보고", "타인의 말을 들을 때 한 귀로 흘려듣지 말고
정확히 듣고", "타인을 대할 때 따뜻하고 진지한 표정으로 대하고", "타인에게 공경하는 태
도로 대해야지 건성으로 대하지 말며", "타인과의 대화에 떠벌리지 말고 실질적이고 충성
스런 태도여야 하고", "일을 다룸에 데면데면하지 않고 진지해야 하고", "질문할 때 모르면
서 아는 체 해서는 안 되고", "분노가 폭발하더라도 후유증을 고려해 후환이 없도록 해야 하
고", "호기를 만나더라도 얻을 수 있는 이익이 상규에 어긋나지 않는지 고려해야 한다"는
등 명심해야 할 아홉 가지 사항을 일컫는 말이다.
4) 子貢曰："貧而無, 富而不驕 ,何如 ? " 孔子曰："可也 ,未若貧而樂 ,富而好禮者也."（《論語·學
而》)。

한국의 현대사회에서 굳이 중국 전통 유가덕목을 들먹여 기업경영 원칙에 적용하는 것이 어쩌면 다소 생뚱맞은 일이라 여겨질 지도 모른다. 서구사상으로 대체되거나 서구의 개념을 더 빨리 수용하도록 훈련된 오늘날 우리 사회에서 굳이 유가 전통을 들먹일 필요는 없을 것이라 여길지도 모르겠다. 그러나, 다시금 생각해 볼 일은 유가전통 속에 현대 기업이 추구해야 할 가치나 원칙이 오롯이 녹아 있음을 확인한다면, 애써 외면할 일만도 아니다. 뿐만 아니라, 우리가 만난 기업들 중 이러한 전통을 경영 철학의 밑바닥에 깔고 있는 경우가 거의 대부분이었음을 확인할 수 있었기 때문이다.

위의 든 유상들의 경영형태를 우리가 인터뷰한 기업들에 적용해 보면 묘하게도 매우 유사하게 들어맞는다. 우선, 첫 번째로 거론된 "품격 높은 문화경영"에는 문화예술 공간을 마련하고 거기에 예술가들을 끌어 들여 새로운 공연전시를 할 수 있게끔 만든 욱성화학의 변준석 대표가 전형적으로 들어맞는 경우이고, 스스로 암을 극복하는 과정에서 터득한 먹거리 문화 개선을 위한 유기농법 개발이라는 창의적인 영역을 두려움 없이 개척해 온 강림CSP 임수복 회장의 정신 또한 문화형 경영이 아니고 무엇이라 하겠는가? 두 번째로 거론된 "품위와 원칙을 준수하는 기업의 생존·발전"은 넥센타이어의 강병중 회장에게서 확인할 수 있다. 세 번째로 거론된 "인애(仁愛) 사상으로 구축된 배려의 정신"은 바

로 동신유압 김병구 대표의 "4관3려"나 대한제강 오완수 회장
의 "가족경영", 은산해운항공 양재생 회장의 "화목"과 "신념, 인
화, 성실" 등을 담지하고 있는 바로 그 개념이다. 이들의 정신 속
에는 인애와 배려가 그대로 녹아서 실천되고 있다고 여겨진다.
네 번째로 거론된 "진정성을 바탕으로 한 성신의 정신"은 신뢰를
최고의 덕으로 생각하고 한우물만 파온 성창기업의 정해린 회장
이 그대로 적용되는 사례라 할 수 있다. 여섯 번째로 거론된 "유
상풍도"에 가장 어울리는 사례는 바로 김현겸 회장이 말한 "견득
사의"의 "의"로, 이는 바로 "군자유구사"라는 《논어》 말씀에서
가져온 것으로 유상풍도의 핵심 중 하나다. 이렇듯, 오늘날 부산
의 기업들이 끊임없는 성장과 발전과정에 변치 않는 동력으로 작
용해 왔던 것이 다름 아닌 유상전통임을 확인하고 놀라움을 금치
못했다.

대륙성에서
해양성으로

　　바야흐로 무한경쟁의 시대가 도래 했다. 유상전통은 성공한
기업의 경영원칙이나 철학이라 치자. 그것은 다름 아니라 동아시
아적 정서가 우리 기업의 경영원리 속에 계승되어온 결과일 것이

다. 그러나 21세기 기업경영은 더 거센 파도와 모험에 직면해 있고, 기필코 이를 뛰어넘지 않고서는 지속적 생존은 불가능하다. 유상전통을 전제로 하면서도 다른 한편, 기존의 틀을 뛰어넘는 획기적인 대변혁을 위한 시도가 필요하다. 불과 3~4년전, 영도의 조그만 어묵공장이 대박을 쳤다. 이른바 길거리 음식의 대표였던 "오뎅"이 "베이커리"라는 이름을 달고 백화점에 입점한 것은 하나의 사건이 되기에 충분했다. 후미진 골목 안 조그만 공장에서 어떻게 생산되는지도 모른 채 먹었던 오뎅이 한껏 몸값을 올려 백화점 쇼 윈도우에 전시되었다. 한겨울 포장마차 안에서 꼬치로만 팔리던 오뎅이 시공간을 뛰어넘어 크루아상이나 페스트리, 머핀 등과 나란히 전시되는 고급 먹거리로 신분상승할 수 있었다. 그 계기는 아주 작은 발상의 전환에서 비롯된 것이다. 한국인이라면 누구나 즐기는 길거리에서 흔히 먹을 수 있는 싸구려 "오뎅"을 조금은 의젓하고 있어 보이는 "어묵"으로 승격시킨 것은 다름 아니라 기껏해야 "이름 바꾸어 부르기"였을 뿐이었다. 지극히 단순한 하나의 계기였다. 어묵을 "베이커리"로 범주 전환하는데 성공함으로써 부산어묵은 하루아침에 "팔자를 고쳤다." 이름을 바꾸자 어묵을 대하는 사람들의 인식도 바뀌었다. 흔한 싸구려 먹거리에서 각기 다른 맛과 풍미를 음미하고 생각하면서 먹어야 할 것 같은 귀한 음식으로 신분상승한 것이다. 삼진어묵의 박용준 대표의 상식을 비튼 발칙한 상상이 가져온 너무나도 큰 전환이었다. 그 역시 창업주인 부친의 사업을 승계한 2세 경영자이다. 처음은 아주 단순했다. 미국에서 회계학을 공부하던 중 사업을 인계하겠다는 부친의 명을 받고 맨 먼저 든 생각은 "저 지저분한 공장에 내가 꼭 다시 들어가야 하나?"라는 회의였다고 한다. 그는 모든 것을 현대화하지 않고서는 성공할 수 없다는 생각에 기존의 공장을 모두 현대화하는 반면 모든 생산 공정을 공개하기로 했다. 어묵의 고급화와 투명화만이 생명이라 여기고 실천한 결과였다. 그후 부산의 모든 어묵이 삼진어묵을 벤치마킹해 부산은 어묵으로 대박이 나고 있다. 이것은 자기혁신의 하나의 예에 불과하다.

　이제 기업도 이러한 사고의 대전환이 필요하다. 전통적인 기업경영 형태만으로는 급변하는 세계시장이나 전 지구적 경제 환경에 적응해 갈 수 없다. 혁신과 변화, 신성장동력이나 새로운 아이템 발굴 등이 사고의 대전환 없이는 불가능하다. 이 점에 있어서 부산의 기업은 한편으로는 대단히 유리한 출발선 위에 서 있다고 할 수 있다. 지역적으로나 산업구조적으로 블루오션이 가능하기 때문이리라. 지역특화(첨단 해양특화와 지역밀착), 사업전략(빠른 변신과 도전, 기업인수합병), 기술전략(연구개발과 산·학, 중소·대기업 협력, 친환경·에너지기술), 사람중심경영(덕, 가족경영, 사람중심 문화, 2세 성장) 등 4개 분야로 나누어 부산 기업의 창조성을 다루고 있는 김태현 박사 팀의 연구 성과에서 보이듯이 부산의 기업은 다행스럽게도 상당수가 "해양"을 매개하면서 혁신 중에 있기 때문일 것이다.

우선 기업의 혁신을 위한 새로운 사고의 대전환을 말해야한다. 즉, 고체형 사고에서 액체형 사고로 또는 대륙형 사고에서 해양형 사고로의 전환이다. 이미 이런 사고유형의 특질에 대해서 많은 연구 성과가 선행되어 있다. 즉, 해양형 사고의 유형적 특징으로 모험성, 유동성, 자유, 경쟁, 낭만, 자극, 사유, 희생, 청년 존중 등을 들 수 있다. 반면 대륙형 사고의 유형적 특징으로는 부드러움, 중용(中庸), 온순, 검소, 신중, 본분, 금욕, 절도, 안일, 평화, 노인존중 등을 들 수 있다. 이렇듯 해양형 사고와 대륙형 사고의 양태는 사뭇 다르다. 이를 기업경영에 적용해 본다면 어떨까? 변화에 대한 두려움이나 전통방식 고수 등의 형태 그리고 토지에 착근한 토목건설 아이템에 치중하는 기업형태 등은 주로 대륙형이라 할 수 있을 것이다. 이와는 달리 만약 변화와 혁신으로 새로운 잡종(Hybrid)을 실험하거나 새로운 아이템에 대한 도전을 두려워하지 않고 새로운 영역이나 해외로 진출하는 벤처형 기업경영 형태 등은 해양형이라 할 수 있을 것이다.

부산 기업 전체를 놓고 볼 때, 지금까지 성공한 기업들은 대체로 해양형이었음을 알 수 있다. 이는 유상(儒商) 전통 중 중요한 한 부분으로서, 특히 일이백년 전 중국의 동남연해 지역에 기반을 둔 홍콩이나 광동(廣東) 유상들의 성공이 해양형으로의 사고전환에 기인했음을 참고할 필요가 있다. 이들은 대륙지향형 기업발전을 벗어나 과감하게 개방성과 모험성을 결합해 "나가자(走出去)!" 주의의 실천으로 해양으로 나갔고, 이는 무한경쟁 시대의 무한도전 성공기의 토대가 되었다. 대한민국의 동남연해 지역 즉, 부산을 중심으로 하는 부울경 지역 기업이 오래전부터 해양을 바라보며 해외로 진출해 많은 성공을 거둔 것과 너무나 유사하지 않은가? 과연 이를 우연의 일치만으로 치부하기에는 시사하는 바가 너무 많다. 어쨌건 중국의 유상은 농업을 귀히 여기고 상업을 천하게 여기는 "귀농천상(貴農賤商)"에서 상업없이는 재부가 생겨날 수 없다는 "무상불부(無商不富)"를 실현해 토지(土地)에의 착근을 떨쳐내고 해양으로 진출해 상업성과 영리성을 성취했다. 이것이 곧 해양형 가치지향의 결과였다. 해양형 기업경영 형태에서는 천하고, 부당하고, 이익에 매몰된 자본의 노예 등과 같은 부정적 이미지가 더 이상 존재하지 않는다. 이런 측면에서 볼 때, 부산의 기업은 "해양" 산업에 머무는 것에 만족할 것이 아니라, 해양형 사고로의 대전환을 통해 새로운 모험과 도전에 나서야 할 것이다.

성장에서
성숙으로

위에서 만나본 여덟 개 기업의 기업가 정신에서 확인한 바와 마찬가지로 이들 기업들이 보여주는 가장 보편적인 핵심가치 속에는 다름 아닌 이인위본(以人爲本) 즉, "사람이 중심이다"라는 정신이 있었다. 혁신은 사람이 하는 것이고 그 혁신의 주체가 바로 기업을 경영하는 기업주이기 때문에, 기업주의 혁신의지는 매우 중요한 출발점이었다. 동시에 간과하지 말아야 할 것은 기업에 고용된 노동자 역시 혁신의 또 다른 주체라는 사실이다. 노동자의 자발성과 의식성이 창조성과 무관한 것이 아니기 때문이다. 이는 특히 노사분규나 노사 간 갈등이 고조되었을 때 드러나는데, 기업주의 일방적 명령만 있고 노동자의 협력이나 공감이 없을 때 반드시 갈등과 대립이 발생하기 마련이다. 기업주의 가치가 노동자와 교감되지 않았기 때문에 결과적으로 기업주의 진정성이 전달되지 못했다는 얘기다. 그 결과, 이를 극복하기 위해 탄생한 것이 바로 "가족주의 경영"이나 "사람중심 경영"일 것이다. 다행스럽게도 우리가 만나본 기업들은 대부분 이를 실현하고 있었다. 대한제강은 "우애"를 바탕으로 하는 "가족경영"의 모범으로 꼽히고 있다. 이미 2세 경영의 대표 주자 중 하나가 된 동신유압 역시 "정(情)"을 매개로 한 직원들과의 최대한 밀착 소통을 최우선으로 하고 있다. 노동자와 공유공감하지 않는 기업이 성공할 수는 없다. 특히 제조업이 대다수를 차지하고 있는 부산의 기업현실에 비추어 볼 때 노사 간 공감은 기업 경영의 매우 중요한 리트머스 시험지가 된다. 이러한 경영이 결국 일자리의 안정화는 물론 새로운 일자리 창출의 토대가 될 것이다.

우리가 만난 기업들의 기본 정신은 가족, 변화, 생태, 예술, 바다, 긍정, 사람, 신뢰 등으로 개괄할 수 있었다. 대한제강, 넥센타이어 등과 같이 전통을 계승하면서도 끊임없이 현실을 반영해 진화해 나가는 전통혁신형 기업, 육성화학이나 강림CSP처럼 지역 문화예술 발전에 기여하거나 생태환경 인간에 대한 신념으로 새로운 가치를 창조하거나 사회공헌에 힘쓰는 기업, 팬스타나 은산항공처럼 바다라는 입지적 조건과 지역산업의 특징에 밀착해 지역의 경제발전에 참여하는 지역밀착형 기업, 성창기업이나 동신유압처럼 2세로 승계되어도 변함없이 번창해 갈 수 있는 지속가능형 기업 등이다. 여기서 우리가 만난 기업의 대표들이 평생을 담지해 온 경영 철학이자 핵심가치를 엿볼 수 있었다. 그럼에도 불구하고 여전히 미진한 구석은 남는다. 이인위본의 철학으로 지역인재를 양성 발굴해 지역 산업과 결합해 궁극적으로는 지역의 발전에 이바지 한다는 가치를 생각할 때, 기업이 지역을 위해 할 수 있는 일은 상상 밖으로 많을 수 있다는 판단이다. 기업가들의 개인적 기부행위도 매우 중요한 실천이다. 사내의 여러 가지 다양한 복지실현을 통한 노동자들과의 소통과 지원도 매우 중요하다. 그러나 이제 부산의 기업도 기업의 울타리를 뛰어넘어 더 넓게 지역전체를 아울러 고민할 단계가 되지 않았을까?

하나의 비근한 예를 들어 보자. 부산에는 왜 "아산서원(峨山書院)"이나 "건명원(建明苑)" 같은 학숙(Academy)이 없는 걸까? 이미 열 번째의 수료생을 배출한 아산서원은 정주영 회장의 기업가정신을 실현하기 위해 수신제가치국평천하(修身齊家治國平天下)의 동양적 이상과 1920년대부터 영국의 옥스퍼드에서 시행해 왔던 고전과 현대의 접목을 통한 지도자양성 교육과정인 PPE(Philosopy, Politics & Economy) 철학에서 차감해 만든 아카데미이다.[5] 8개월의 국내 교육과 2달 간의 미국 또는 중국 체류 인턴십 과정을 결합해 매우 강도 높은 교육과 체험이 이루어지는 이 프로그램은 오늘날 대한민국을 리드할 새로운 청년 지도자를 배출하기에 충분하다고 여겨진다. 최근에 세워진 건명원도 주목할 만하다. "밝은 빛을 세우는 터전"이라는 뜻의 이 아카데미는 19세에서 29세 사이의 청소년들이 창조적 문화예술의 향기 속에서 미래의 꿈과 비전을 달성할 수 있도록 적극적으로 지원하는 사업으로서, "문화예술분야"의 창의적 리더와 인재육성을 목표로 하는 아카데미이다. 언론을 통해 여러 번 소개된 바

[5] http://www.asanacademy.org/

와 같이 (재)두양문화재단의 오정택 이사장은 평생을 단추공장
을 경영해 모은 재산 100여억 원을 쾌척해 재단을 설립하고 이를
서강대 철학과 최진석 교수 등에게 모든 운영을 맡기고 있다. 매
년 30명 씩 선발해 매 수요일마다 4시간씩 총 40주(10월)의 강의
가 진행된다.[6] 강의를 통해 인간과 우주에 대한 철학적 사유와 창
의적 세계관 형성을 위한 다양한 학습과 실천 프로그램이 진행된
다. 전국적으로 이러한 예들이 수도 없이 존재할 텐데, 부산에서
는 소문조차 듣지 못했다. 최근에 서울에서 문을 연 여시재(與時
齋)[7]는 그 철학이나 규모가 상상을 뛰어넘을 정도다. 이른바 민간
에서 만든 학술연구재단으로 "한국의 브루킹스를 만들고 싶다"
는 조창걸 한샘 명예회장이 4,400억의 사재를 털어 만든 재단으
로 "시대와 함께 하는 집"이라는 뜻으로 문패를 내걸었다. "서양
의 물질문명과 동양의 정신문명을 융합한 '신문명'을 목표로 내걸
고 신문명 사회를 달성해야 시민이 건강한 삶을 살아갈 수 있다"
는 철학에 따라 "지속가능한 지구와 디지털 기술에 기반한 미래
문명을 추구한다"고 밝힌 설립취지에서도 알 수 있듯이, 대한민
국의 새로운 시대정신을 창안해 나가겠다는 원대한 포부가 그대
로 드러난다. 부산에도 수백, 수천억을 가진 자산가들은 많다. 그

6) http://www.gunmyung.or.kr/
7) http://www.fcinst.org/Ko/main

러나, 청년들을 위해 길을 열어 주고 배움의 장을 만들어 준 기업
가나 자본가는 그다지 많지 않은 듯하다. 기껏해야 사내 직원 자
녀들에 대한 장학금 지원이나 조그만 사회봉사나 기부에 그치고
있는 것은 아닌지? 부산에도 이런 기업가와 재단이 있으면 얼마
나 좋을까?

　　이제는 허리 펴고 숨 돌리며 더 먼 미래를 바라보자. 바야흐
로 부산의 기업 역시 더 이상 성장을 위해 속도에 매몰될 것이 아
니라, 가치와 질을 숭상하는 성숙의 단계로 진화해 나가야 한다.
다시 사람으로 돌아가자! 그래서, 왜 사람은 평생 동안 손에서 책
을 놓아서는 안 되는 지를 생각해 보고 물질과 욕망에만 사로잡
혔던 지난 시기의 생각들을 바로 잡아야 할 때다. 정주영이나 오
정택이 왜 동서고금의 고전에서 미래지도자의 비전을 찾으려 했
을까? 왜 청년들을 또 다시 책상머리로 불러 들여 청춘을 불살라
학습하게 했을까? 인류의 미래가 청년들에게 있고, 청년이 살아
야 미래가 산다는 진리를 깨달았기 때문은 아니었을까? 우리의
연구가 경제학이나 경영학에서의 연구와 다른 것은 인문학적 시
각으로 부산의 기업가 정신 속에서 청년과 미래, 가치창조와 진
화의 길을 찾고자 했기 때문이다. 그리고 인문학적 가치를 추구
하고 실천하는 기업을 찾아 그들의 가치취향과 질적 추구를 내밀
하게 들여다보고자 한 것이었다. 나아가, 가능하면 그것을 수많
은 기업들이 함께 동참할 수 있도록 추동하고자 한 것이었다. 우

리의 이 작은 시도가 부산의 기업들이 가야할 방향을 제시할 수 있었기를 간절히 소망해 본다.

부산에 산다는 것의 의미를 생각하면서 부산시민으로서의 자부심과 긍지를 느끼고 싶다. 그래서 영혼이 깃든 기업이 넘쳐나고 철학이 있는 부산을 기대한다.

참고자료

김대래,『부산의 기업과 경제』, 세화, 2013

김성수,『기업가 정신- 성공한 창조경영자』, 탑북스, 2014

김태현,『부산기업사』, 부산발전연구원 부산학센터, 2004

김태현 · 김승희,『부산기업의 창조성과 미래』, 부산발전연구원 부산학센
　　　터, 2014

류시화,『외눈박이 물고기의 사랑』, 1996, 열림원

배현,『장수기업의 3대 조건』, 부산발전연구원, 2013

백승진,『부산을 빛낸 인물』, 월간 부산, 2008

백충기,『동남권 향토기업의 현황과 업력별 현황』, BS금융지주 경제연구
　　　소, 2013

윤석철 편저,『성공적인 창업을 위한 기업가 정신』, 도서출판 대경, 2008

한겨레 경제연구소,『기업의 전환』, 한겨레출판, 2011

뉴시스, "부산시, 세계 30위권 도시 성장 - 스마트 부산 비전 발표"
　　　(2015.07.01)

일간리더스경제신문, "부산 지역 경제 현황 진단 전문가 여론조사"
　　　(2014.09.14)